はじめに

「初対面の人になんて話せばいいのだろう」「いつも会話が続かない」「プレゼンでスムーズに話せない」……話すことに苦手意識を持っている人は大勢います。一方で、一言で場を盛り上げたり、流れるような話しぶりで人を説得する話し上手な人もいます。

実は、話し上手に才能などありません。話し方はテクニックです。初対面の相手や人前で話すことが苦手でも、話すテクニックを身につければ、恐れることはないのです。

あなたの周囲に話し上手な人がいたら、自分の得意な話し方のパターンを持っているはずです。うまい話の流れやスムーズな会話には決まったパターンがあり、それはテクニックとして身につけることができます。そういったパターンを何度も練習して身につけているのが、アナウンサーやレポーター、インタビュアーという、人と話をすることや人前で話すことを職業にしている人たちです。

本書では、簡単にすぐできる話し方テクニックを400以上紹介し、解説しています。

話すテクニックを身につければ、より多くの人とコミュニケーションすることができ、新しい人間関係を築くチャンス

が増えるでしょう。また、職場ではプレゼンやスピーチに成功し、評価も上がるはずです。

　本書がそのようなお役の一助になれば幸いです。

佐藤幸一

登場人物紹介

話し方の神さま

本書の使い方

本書は、話すことが苦手でも会話やスピーチに困らない話し方を紹介しています。どんな相手でも状況でも自信を持って話すことができるテクニックをぜひ活用してください。

①話し方・話すシーン
話し方や話す動作、相手や話すシーンなどに分けて紹介。知りたい話し方や話すシーンをすぐに探せます。

②手順・状況
話し始めから終わりまでの順序、また話す相手や場所を示しています。

③テクニック・フレーズ
すぐに使える話し方、話す言葉を紹介しています。

さわやかな挨拶

挨拶は相手の心のドアを開けるノック、コミュニケーションの基本じゃ。笑顔で明るい挨拶は好印象を与えるぞ。

挨拶の五原則1

明るく、さわやかに

POINT 心を開くような気持ちで、挨拶の言葉を投げかけましょう。声が小さいと言われている人は、顔を下に向けていないかチェック。相手を見て声を発しましょう。

挨拶の五原則2

いつでも、どこでも、必ずする

POINT 初対面に限らず、挨拶は「いつでも、どこでも、必ずする」ようにしましょう。挨拶をしないと印象は悪いものです。自然と挨拶できるように習慣化しましょう。

④ポイント・解説
話し方のテクニック的な部分の解説、声を発するときや体の動かし方など注意するポイントを紹介しています。

話す前に早口言葉で
ウォーミングアップじゃ

Go! Go! 言葉

早口言葉は、口と声のウォーミングアップに最適じゃ。ゆっくりでもいいので、口の周りの筋肉をきちんと動かして、はっきり発音ができるように意識しよう。

蛙ぴょこぴょこ三ぴょこぴょこ、
合わせてぴょこぴょこ六ぴょこぴょこ

この釘は引き抜きにくい釘だ

竹屋の竹やぶに竹立てかけたかったから、
竹立てかけた

貸客船の旅客がたくさんいる

月々に付き見る月は多いけれど、
月見る月はこの月の月

隣の客はよく柿食う客だ

坊主が屏風に上手に坊主の絵を描いた

口の周りの筋肉が少し疲れるようなら、きちんと動かせている証拠。朝や寝る前など、習慣的に取り組むと、話し方に変化が現れるぞ。

はじめに ……………………………………… 2
本書の使い方 ………………………………… 4

第1章
好印象の話し方・聞き方

さわやかな挨拶 ……………………………… 12
話しかける …………………………………… 16
声（高さ×速さ）の印象 …………………… 21
話題は名刺から ……………………………… 23
自己紹介（サンドイッチ話法） …………… 25
抑揚に気をつける …………………………… 29
言葉を強調する ……………………………… 32
タイプ別の話し方 …………………………… 36

状況別の話し方……………………… 38
相手の話を聞く……………………… 42
話すときに大事な「目」…………… 44
うなずく・相づち…………………… 46
言葉のオウム返し…………………… 51
相手に自然に語らせる……………… 53
会話相手が黙ったら………………… 56
会話に詰まったとき………………… 58

第2章 信頼される話し方

仕事場での話し方（基本編）……… 62
忙しい人に話しかける……………… 65
相手をほめる………………………… 67

ほめ言葉(さしすせそ) ……… 70
男性をほめる ……… 72
女性をほめる ……… 76
叱る ……… 80
謝る ……… 84
断る ……… 86
頼む・依頼する ……… 90
説得する ……… 96
商談・取引 ……… 100
報告 ……… 103
仕事場での話し方(日常編) ……… 107
会話を切り上げる ……… 115
電話の話し方 ……… 118
クレームを受けたとき ……… 123

第3章
人前で話す

あがらずに話す ……………………………… 126

話す準備 ……………………………………… 132

スピーチの練習 ……………………………… 135

スピーチ法（PREP法） ……………………… 137

PREP法以外の話し方 ………………………… 139

朝礼など短いスピーチ ……………………… 142

プレゼンテーション ………………………… 145

飽きさせないスピーチ ……………………… 150

わかりやすいスピーチ ……………………… 155

第4章
想いが伝わる話し方

異性に話しかける ……………………………… 158

異性と仲を深める ……………………………… 162

伝わらない話し方（言葉） …………………… 166

性格が見える口ぐせ …………………………… 168

おわりに ………………………………………… 172

第1章

好印象の話し方・聞き方

さわやかな挨拶

挨拶は相手の心のドアを開けるノック、コミュニケーションの基本じゃ。笑顔で明るい挨拶は好印象を与えるぞ。

挨拶の五原則1

明るく、さわやかに

POINT 心を開くような気持ちで、挨拶の言葉を投げかけましょう。声が小さいと言われている人は、顔を下に向けていないかチェック。相手を見て声を発しましょう。

挨拶の五原則2

いつでも、どこでも、必ずする

POINT 初対面に限らず、挨拶は「いつでも、どこでも、必ずする」ようにしましょう。挨拶をしないと印象は悪いものです。自然と挨拶できるように習慣化しましょう。

挨拶の五原則3

先に声をかける

POINT 挨拶は「まず自分が先にする」が基本。先に声をかけることで、相手をリードできます。気鋭の経営者などはこの鉄則を守る人が多く、とにかく相手より先に挨拶をするそうです。

挨拶の五原則4

続けて、つなげるように声をかける

POINT 相手によっては、気づかなかったり、反応できずに挨拶を返さないこともあります。そこでめげずに2、3度くらいは声をかけてみましょう。

挨拶の五原則5

目を見て笑顔で

POINT どんなときもアイコンタクトは大事です。相手の目をしっかり見ることで、自分に挨拶しているとわかってくれます。そのときは基本的に笑顔で声をかけましょう。

第1章 好印象の話し方・聞き方

挨拶のフレーズ 1

「こんにちは」
「お世話になっております」

POINT 明るく、さわやかな声で「こんにちは」と言いましょう。一拍、間をおいて、ゆっくりはっきりした声で「お世話になっております」と頭を下げて挨拶しましょう。

挨拶のフレーズ 2

「ありがとう」
「ありがとうございます」

POINT 「ありがとう」は親しい間柄で、「ありがとうございます」は目上や上司などに使います。丁寧にゆっくりと発音し、状況によっては頭を下げる動作を伴うと、気持ちが伝わります。

挨拶のフレーズ 3

「さようなら」
「お世話になりました」

POINT 「さようなら」は相手の目を見て、明るい声で言います。「お世話になりました」は、一拍、間をおいて頭を下げながら、ゆっくり落ち着いた声で伝えます。

挨拶のフレーズ4

「いただきます」
「ちょうだいします」

POINT 「いただきます」は感謝の気持ちを込め、明るく言いましょう。
「ちょうだいします」も感謝を込め、ゆっくりかみしめるように
相手に伝えましょう。

挨拶のフレーズ5

「お疲れ様でした」

POINT 仕事などで相手の労をねぎらうために交わす挨拶です。明るく
言う場合と、ゆっくりかみしめて伝える場合があります。仕事
の状況、その場の雰囲気に合わせて使い分けましょう。

挨拶のフレーズ6

「申し訳ありません」
「失礼しました」

POINT 何か失敗したときや相手に迷惑をかけて謝るときの言葉です。
お詫びの気持ちを込め、低めで落ち着いた声で、ゆっくり丁寧
に伝えます。

第1章 好印象の話し方・聞き方

話しかける

会話は「キャッチボール」といわれておる。まずは声というボールを投げて、相手に受け止めてもらうのじゃ。

自分なりのルーティーンを行ってから話しかける

背筋を伸ばす、笑顔を作る 深呼吸をする

POINT 初対面の人や目上の人にいざ声をかけようとするとき、少し勇気がいるものです。そんなときは、深呼吸をするなど自分なりの儀式（ルーティーン）を行ってから臨んでみましょう。すんなり声をかけられるようになります。

人に快適な声の高さ

「ファ」「ソ」の音で 声をかける

POINT 好印象を与える声の音階はドレミファソラシドの「ファ」、「ソ」といわれています。「ミ」以下だとぞんざいな響きに、「ラ」以上だとけたたましいイメージに聞こえるといわれています。

印象のいい話しかけ方1

和やかな笑顔で近づき、声をかける

POINT 初対面の印象は最初の数秒で決まるといわれています。相手の目を見ながらさわやかな笑顔で声をかけると、印象はずいぶんよくなります。その後も話しやすくなります。

印象のいい話しかけ方2

心地よく響く声で挨拶を

POINT 笑顔で挨拶されて、嫌な気持ちになる人はいないはずです。周囲の雰囲気に合わせ、その場に適した声の高さ、大きさで発声しましょう。

印象のいい話しかけ方3

右側から話しかけられると、聞き入れられやすい

POINT 人は、心臓が左側にあるため自然と左側を守ろうとしています。逆に右側は警戒心が左より薄く、人を受け入れやすいのです。左側に来る人より右側に来る人のほうが印象もよくなるのだそうです。

第1章 好印象の話し方・聞き方

普通に声をかけるとき

相手の胸に
放物線を描くように声を送る

POINT 相手の方向に体を向けて「おーい」と声を発する形をとると、相手も自分に言われていると意識できます。自分が発した声というボールが「ふわ〜」と送られキャッチしてもらえる感覚です。

禁止事項や強めのお願い事を言うとき

声を相手の胸に
まっすぐ当てるように送る

POINT 相手の胸や顔に向かってストレートの速球をビシっと投げるイメージで声を発する（声をかける）と、相手にもドンと届きます。届いた感じで相手も何事か察することができるでしょう。

何かのお誘い、無理なお願いを言うとき

足元から相手の胸に声を
下から送るように発する

POINT お願いやお誘い事は、上からよりも下から声が届くような形だと相手も聞き入れやすくなります。アンダースローでボール（声）を投げるようなイメージです。

初対面の人への話しかけ方1

話したいサインを出す

POINT 話そうと思った相手に体を向け、アイコンタクトして近づきます。すると相手も心構えができて、反応してくれます。いきなり話しかけると驚かれる場合がありますが、このように近づくと受け入れてくれます。

初対面の人への話しかけ方2

自分のことを先に話す

POINT いきなりで何を話していいのかわからない場合は、まず自分のことを話しましょう。少しのことで構いません。相手が感想を言ってくれたり、自分のことを話し始めたらしめたもの。そこから会話が展開できます。

初対面の人への話しかけ方3

返事がなくても気にしない

POINT 相手は何か考え事をしていたり、体調が悪かったり、自分に集中することで精一杯の状態かもしれません。こちらから声をかけても何もマイナスはありませんから、返事がなくても、自分から声をかけることを意識して続けましょう。

第1章 好印象の話し方・聞き方

最初の話題 1

「今日は暑いですね」

POINT 初対面の人と話す場合、まずは天気などの世間話から始めるのが無難でしょう。相手も答えやすいので、そこから会話になりやすいです。

最初の話題 2

「素敵な会場ですね」
「ここは眺めがいいですね」

POINT 初対面の人との共通の話題が思いつかなくても、その場で見ている景色、情景は一緒。それについて話すのも手です。「あの建物はおしゃれですね」と質問すると反応が返ってきたりして、話が展開していくかもしれません。

最初の話題 3

「素敵なネクタイですね」

POINT 相手が身につけている小物やバッグを見て、感じたことを言葉にするのも話のきっかけとして使えます。ただし、批判的な話や価格を聞くことは控えましょう。

声(高さ×速さ)の印象

声の高さと言葉を話す速さは、人の印象を変える要素でもある。上手に使えば自分を演出することもできるのじゃ。

優しい感じの話し方

高い声×ゆっくり

POINT 高い声でゆっくり話すと、大らかでほんわかしたイメージになります。母性的で優しく包んでくれるような安心感を演出できます。

元気な感じの話し方

高い声×早い

POINT 明るくエネルギッシュで元気な人という印象を与えます。男女ともに若いイメージになります。

落ち着いた感じの話し方

低い声×ゆっくり

POINT 落ち着いた癒しのイメージを与える話し方になります。大人、父性を感じさせ、悩みごとの相談に乗ってもらえそうな人柄を演出できます。

信頼される話し方

低い声×早い

POINT 明晰で信頼感のあるクールなイメージを与えます。ビジネスシーンに向いた話し方です。仕事ができる人には実際この話し方のタイプが多いです。

魔法の声かけフレーズ

「最近、寒くなりましたよね」「〇〇ですよね？」

POINT 「最近どうですか？」のように、あまりに漠然とした質問の声かけでは、答えに窮してしまう人がいます。それを防ぐのが、軽い断定系の「〇〇ですよね〜」という言葉。「そうですね」と軽い返事だけでもしてもらえるはずです。

話題は名刺から

仕事で初対面の人と会うと必ず名刺交換をするはずじゃ。名刺には会話のきっかけ、ネタがあるぞ。

始めにお礼の挨拶を

「お時間を作っていただきありがとうございます」

POINT ほかにも「今日は、お目にかかることができて嬉しいです」といった感謝の言葉を添えて挨拶しながら名刺交換します。すると信頼感が生まれ、話がしやすくなります。

名刺の名前を見て

「下のお名前は何とお読みするのでしょうか」

POINT 名前の確認をします。確認しながら話を振るわけです。珍しい名前ならここから会話が展開することもあります。あまり触れてほしくなさそうな相手には「素敵なお名前ですね」と添えれば、印象が悪くなることはないでしょう。

第1章 好印象の話し方・聞き方

会社名や肩書きを見て

「面白そうなお仕事ですね」

POINT 事前に相手の仕事をあまり知らず、名刺に珍しい業種や仕事内容を匂わせることが表記されていれば、そこについて「面白そうですね」と話を振るのもいいでしょう。相手も喜んで話してくれる場合が多いです。

住所を見て

「最寄駅はどちらですか？」

POINT 名刺には住所が記載されているので、そこから地域の話題を振って、まず話し始めるというわけです。最寄駅やその路線が最初は無難です。地方であれば名産品など話題に出せます。

工夫されている名刺なら

「素敵なお名刺ですね」

POINT 紙質やデザイン、印刷方法などが一風変わっている名刺なら、そのことを話してみるべきです。名刺には社風や人柄が出るもので、そこに気づくと信頼を得やすく、話もしやすくなります。話のきっかけにもなります。

自己紹介（サンドイッチ話法）

挨拶の後は自己紹介。そこでわかりやすい話し方のサンドイッチ話法というスピーチ法を紹介しよう。

自己紹介のメリット1

自己アピールできる

POINT 名刺交換だけのときと比べて、名前と顔を相手にしっかり覚えてもらえる可能性が高くなります。自分をアピールできるわけです。

自己紹介のメリット2

相手に安心感を与える

POINT 自分の人となりや個人の情報を伝えることで、必然的に相手はある程度「こういう人なのかな」と知ることができ、安心感や信頼感を与えることができます。

第1章 好印象の話し方・聞き方

自己紹介のメリット3

会話のきっかけになる

POINT 多くの場合、自己紹介だけで終わらず、話した事柄からまた話が広がっていきます。自己紹介がコミュニケーションのきっかけづくりになります。

サンドイッチ話法の利点1

相手の記憶に残りやすい

POINT 最初と最後に伝えたいこと（今回紹介するのは名前）を言うのがサンドイッチ話法です。最後にもう一度言うので、印象に残りやすいのです。

サンドイッチ話法の利点2

どんな状況でも使える

POINT 話の中（名前と名前で挟んだ自己アピール部分）を変えることで、いろいろなスピーチの場面で使える話法です。話がきれいにまとめられ、伝わりやすい、話がわかりやすい話法です。

サンドイッチ話法の利点3

落ち着いて、きちんとした印象を与える

POINT 話がまとまっている印象を与えるので、話している人の印象もよいものに映ります。この話法を覚えておけば、いきなりスピーチを振られてもあまり慌てることがなく、落ち着いた印象を与えられます。

サンドイッチ話法による自己紹介1

最初に挨拶＆名前を言う

POINT 名前は、相手に覚えてもらえるように特にしっかりと発音して言います。次の話にもつなげるためです。

サンドイッチ話法による自己紹介2

名前を覚えてもらえるエピソードなどを話す

POINT 名前を言った後は自己アピールの話をするわけですが、最初は自分の名前にまつわる話などで、とにかく名前を覚えてもらうことに専念してみましょう。

第1章 好印象の話し方・聞き方

サンドイッチ話法による自己紹介3

より印象的なエピソード、失敗談、趣味など話してみる

POINT 名前のエピソードがなければ、自分のことをよくわかってもらうための話をしてみましょう。趣味や失敗談など、個人的な話で自分をアピールしましょう。

サンドイッチ話法による自己紹介4

その場に合わせたエピソードを話す

POINT 自己紹介する状況を把握し、それに合わせた話をすると、その場にふさわしい印象に残るアピールになります。例えば、聞いている人の中で自分と同じ名前や同郷の人がいるのか、また、今いる場所の感想など話してみましょう。

サンドイッチ話法による自己紹介5

最後に再び名前を言って、挨拶して締める

POINT 最後にまた名前をはっきりと伝えます。最初の挨拶をあまり聞いていない人がいることもあるので、最後にもう一度しっかり伝えます。

抑揚に気をつける

抑揚は声の大きさの大小ではなく声の調子の上げ下げ。気持ちが伝わり飽きさせない語り口になるのじゃ。

名前を呼ぶときの抑揚1

佐藤さん↗

POINT 名前を呼ぶときに語尾を上げると、少し甘えたようになり、頼みごとをするような感じになります。相手の名前を呼んで探すときなどもこのように語尾を上げていると思います。

名前を呼ぶときの抑揚2

佐藤さん↘

POINT 語尾を下げてしまうと、少し怒った印象、または不満気、不機嫌な印象を与えます。このように上の例と同じ名前でも抑揚でイメージが変わります。

スタンダードな抑揚

よろしく お願いします ↘

POINT 話し言葉は呼吸と関係があり、最初は高く強い発声となり、だんだん息が弱まるにつれてなだらかに下がり、高い音が出にくくなります。

洗練された印象を与える抑揚

○○さま、いらっしゃいませ ↘

POINT ホテルや高級レストランでは、意識的に語尾を下げて話しかけられます。落ち着いた印象と高級感や信頼感を与えるからです。

日本語の正しい抑揚のルール

よろしくお願いいたします ↘

POINT スタンダードな抑揚と同様ですが、文の終わりが下がりきるのがきれいで正しい日本語の発音です。語尾は下がりますが、「〜ます」まで聞こえるように発音します。

挨拶言葉の場合

お**は**ようございます

POINT 挨拶は意識的に2音節目にアクセントをつけると、明るく元気に聞こえます。朝や仕事を始めるときの挨拶は意識してみましょう。

自然な抑揚をつけたいとき

気持ちを込めて話す

POINT 気持ちを伝えようとすれば自然と抑揚はつきます。ずっと同じスピード、同じ強さで棒読み状態では、内容、気持ちどちらも伝わりづらくなります。

方言やアクセントのくせ

橋（は**し**）、四月（**しがつ**）

POINT 相手に伝わりづらいというときのみ方言や話し方のくせを改善するようにしましょう。アクセント辞典やインターネットで検索するのも手です。

言葉を強調する

話の中でもしっかり・大事に伝えたいところ（言葉）は、際立たせ（強調）て言うと伝わりやすくなるのじゃ。

強調1

私はあなたが好きです

POINT この文章で「私は」を声を高く、大きくすると、自分（私）のことを強調している印象になります。誰のことでもない「私」はどうなのかということが伝わります。

強調2

私はあなたが好きです

POINT 同じ文章でも前の話し方と比べ、この「あなたが」を強調すると、自分のことよりとにかく「あなたのこと」を気にしていると印象づけられます。

強調3

私はあなたが**好きです**

POINT 前の二つと同じ文章ですが、「好きです」を強調すると、好きという気持ちが印象づけられます。このように同じ文章でも強調する言葉の違いで伝わる印象や時には意味すら変わることもあります。

強調4

りんごよりも**みかん**がおすすめです

POINT 強調する言葉を間違えると誤解を生むこともあります。上の文章で「りんご」を強調してしまうと、おすすめではない商品名を強調してうまく販売につながらないような結果になってしまうことにもなるのです。

スピードを表現

ゆっくり歩いていたけど、いきなりビュッと走った

POINT 声の大きさだけではなく、「ゆっくり」をゆっくり話し、「いきなりビュッ」を速く話せば、話し方でよりスピード感が表現・強調できます。

第1章 好印象の話し方・聞き方

距離を表現

両親は遠く離れたところに住んでいます

POINT 「遠く」を「と〜く」または「と〜〜〜く」と話せば、だいぶ遠いところに住んでいると話し方で強調して伝えられます。

時間の長さを表現

公演は、7月16日から8月31日までです

POINT 「7月16日から8月31日」を一言一言ゆっくり話すと、それは長い期間という印象になります。逆にその期間を速く話すと、一か月以上でも短い期間のように感じます。

声の大きさを利用する

ここだけの話だけど、○○が〜

POINT 「ここだけの話」を囁くように話すと、言葉の通り秘密めいた、他人に知られないような話という限定的な印象になります。

間を使って強調1

本日は…………〇〇さんに来ていただきました

POINT 話すときに「〇〇さん」の前に２、３秒の間を空けると、注目が集まり、〇〇さんの特別感を演出できます。話の中で間を空けると、次の言葉の強調になります。

間を使って強調2

一つ目は……質、二つ目は……量、三つ目は……価格

POINT 列挙する時に間を空けると、聞く人は理解しやすくなります。上の文章を話すと「質」「量」「価格」がポイントなのだと理解しやすくなります。

間を使って強調3

この度は……本当に……本当に…………ありがとうございます

POINT 間を空けて話すと、ここまで紹介してきた例のように伝えたいことや言葉を強調することができますが、さらにもう少しの沈黙は、緊張感を生み、話し手に対する注目度をアップさせることにもなります。聞き手が耳を傾けてくれるのです。

第1章 好印象の話し方・聞き方

タイプ別の話し方

相手のタイプを意識して接すると、思った以上にうまく話せるケースがあるのじゃ。

相手が親分タイプのとき

おどおどせず、はっきりと話す

POINT 親分タイプの人は礼儀やマナーを大切にしている人が多いので、まず挨拶が肝心。また、はっきり話すことを意識しましょう。教えることを好むので「ぜひ教えてください」というスタンスで話を聞くと、会話もはずむでしょう。

相手が分析タイプのとき

相手に合わせて淡々とした ペースで話す

POINT 分析タイプは感情が表に出にくい人が多いです。無理にテンションを上げようとすると警戒されるので気をつけましょう。情報交換や話す回数を増やすことを意識すると、徐々に信頼関係を築け、長く付き合える相手になる可能性があります。

相手が好奇心旺盛タイプのとき

第一印象や身に着けているもの をほめると盛り上がる

POINT 好奇心旺盛タイプの人はその場の中心になりやすい人です。第一印象や身につけているものなどをほめると、一気に距離が縮まります。アイデアや夢をテーマにした話が好きなタイプなので、そんな質問をすると会話が盛り上がるでしょう。

相手が縁の下の力持ちタイプのとき

自分のことの話し過ぎに 注意する

POINT 縁の下の力持ちタイプは穏やかで話し方もゆったりしている人が多いです。聞き上手ですが、じつのところ自分にも聞いてほしいことを聞く場合が多いです。はっきりNOと言えない人が多く、無理強いなどは控えましょう。

相手のタイプがわからないとき

力まずに話しかけ、過去に 会った人と照らし合わせていく

POINT 相手のタイプがわからなければ、これまでに会ってきた人を想像しながら、質問を投げかけて対応を調整していきましょう。必ずしもタイプに合わせた話し方がいいというわけではありませんが、傾向をつかむと、会話が楽になっていきます。

第1章 好印象の話し方・聞き方

状況別の話し方

話し方には、相手別（タイプ別）のほかに、その場にふさわしい声の出し方や話し方があるのじゃ。

自分に関心を向けてほしいとき

明るく元気な声を出し、はっきりした話し方をする

POINT 関心や注目をしてほしいときは、明るく元気な声を出しましょう。ゆっくりはっきりした話し方で思いが相手に伝わるように注意を払います。逆に小さな声でささやくように話して、注意をひくという方法もあります。

相手を説得したいとき

明るく太めの声で、落ち着いた話し方をする

POINT 信頼感を抱いてもらえるよう、落ち着いた話し方をします。相手を包み込むように話しましょう。話し方と話す内容も大切です。

場を和ませたいとき

にこやかな笑顔で穏やかに
ゆっくり話す

POINT 笑わせようと甲高い声でテンションを高くしていくと失敗する可能性があります。場の状況をよく観察して、穏やかに話し始めると相手も和んでいきます。

相手を安心させたいとき

ゆっくり、穏やかに、
適度な間を入れて話す

POINT 緩急のある話し方で相手の気持ちを落ち着かせます。相手が聞いていて心地よい話し方を心がけましょう。アイコンタクトしながら、ゆっくり、相手の呼吸に合わせて話す感覚です。

何かを依頼したいとき

謙虚な口調と丁寧な言葉で
相手の感情に訴える

POINT 相手の気持ちを思いやりながら、素直な気持ちを明るい声で伝えましょう。相手が聞いてくれる（相づちなどの）ペースに合わせて話を進めると、受け入れてくれやすいです。

第1章 好印象の話し方・聞き方

断るとき

相手の気持ちを汲みながら、断る理由をわかりやすく伝える

POINT 素直にはっきりと話しつつ、申し訳ないという気持ちを込めることが大切です。

悲しみを表すとき

明るい声は禁物。声は低め、弱め、ゆっくりと話す

POINT 葬儀やお悔みに行った場合は、明るい声は禁物です。残念な報告をする場合は、低めの声で淡々とはっきりと伝えます。

相手をなぐさめるとき

低めの落ち着いた声で、相手の心に語りかけるように話す

POINT 強い声ではっきり話すのはふさわしくありません。相手の心に寄り添うように、ゆっくりと話しましょう。

謝罪するとき

控えめな発声でゆっくりと、しっかり伝わるように話す

POINT 重大な失敗の謝罪は、明るい声は禁物です。声のトーンを落とし、ゆっくりと謝ります。声に謝罪する気持ちを込めることが大切です。

相手を勇気づけたいとき

落ち着いた口調で感謝と相手の成果を淡々と伝える

POINT 成果を冷静に伝えると、相手はそれに気づきやすくなり、前向きな気持ちになります。相手の置かれた状況に共感して、何か力になれることはないかと問いかけるのもいいです。問いかけ自体が勇気づけになっていたりします。

人前で話すとき

高い声で注目を集める

POINT 高い音、高いテンションは活気にあふれ、緊張感が高まるので、人の注意を集める効果があります。特に話し始めは、高い声と大きな声を出すように意識します。

第1章 好印象の話し方・聞き方

相手の話を聞く

話し上手は聞き上手。聞き上手になるにはまず心構えが大事じゃ。聞く意識を高めると、話し上手に近づけるぞ。

気持ちよく会話するための心得

「話したい気持ち」をコントロールする

POINT 話したい者同士でお互い話し始めると、どちらが話し手でどちらが聞き手かわからなくなり、会話が成立しません。まず「自分は聞く側」になり、気持ちを聞くモードにしましょう。

「聞いている」ことを体で伝える

相手が話しているときはできるだけ相手の方を向く

POINT 相手が話しているときは、パソコンに向かっていても、資料を見ていても、なるべく手を止めて、相手に視線を合わせて聞きましょう。相手に一生懸命聞いてくれていることが伝わります。

言葉以外のメッセージを受け取りたいとき

相手の身振り、表情などをしっかり観察する

POINT 相手が話しているときは、相手の言葉だけではなく、表情、身振り手振り、姿勢などをしっかり観察して言葉以外のメッセージも受け取る心構えでいましょう。

心地よく話したいとき

まず「聞く」一方的に話し続けない

POINT 人は基本的に聞くことより話すことに関心があります。そこを踏まえて、自分はまず聞くことに専念し、相手の聞く準備ができてからやっと話すようにするのです。聞き上手な人はこの点が非常に優れています。

興味を持って聞くことに徹する

相手の話にかぶせない

POINT とくに最初の段階でかぶせないようにします。相手が「東京に行った」と言ったら「自分も東京に行った」ではなく「そうなんだ、いつ行ったの？」「東京のどこに行ったの？」と最初は共感することを心がけて、後から自分の話をするのです。

第1章 好印象の話し方・聞き方

話すときに大事な「目」

「目は口ほどにものを言う」などといわれておる。相手の目や顔を見ることは、話を聞く上で大事なことなのじゃ。

アイコンタクト1

始めに相手の目を見る

POINT 相手の目を見ると、どれだけ関心をもっているか、聞きたい気持ちがどれほどあるのかを伝えることができます。「あなたの話を聞きましょう」「会話をしましょう」という気持ちが伝わります。

アイコンタクト2

話し始めは目と鼻を結ぶ三角地帯を優しく見る

POINT 目をじっと見つめていると、お互い会話しづらいものです。そこで、話し始めは相手の目と鼻の間あたりをなんとなく見るような感覚で聞いたり、相づちを打ちましょう。

アイコンタクト3

相手が話しているときは、口元や喉元を見る

POINT 話している間は相手の目のあたりをずっと見ていなくても、基本的に相手の顔のほうに視線だけは送るようにします。そして、話の流れで「ここぞ」という時に相手の目を見るようにします。

視線の上手なそらし方

視線を上、または下にそらす

POINT 人は、質問されたときに考え事をすると視線が上にいきます。また、下にすると「頷き」＝承認・了解と同じ印象になります。ですので、上か下に視線をそらせば相手に不快な印象は与えません。横（左右）にそらすと悪い印象を与えます。

視線をそらしながらも

話の内容に合わせて表情を変える

POINT 相手と一緒に困ったり、真剣に考えたり、笑顔を見せたりと表情を変えていくと、相手は「話が通じている」と安心し、親近感を抱いてくれます。相手の満足度も増し「この人に話したい」という気持ちになります。

第1章 好印象の話し方・聞き方

うなずく・相づち

聞き上手はうなずきや相づちが実にうまい。相手に話をさせているだけなのに、これで会話が弾むのじゃ。

うなずきポイント

大きく（45度くらい頭を動かして）、1、2回

POINT 大きく頭を動かすと相手に「話を聞いているな」ということが伝わります。タイミングよく、1、2回でOKです。あまりうなずきすぎると、逆に話を聞いてないように思われることがあります。

うなずき方

声を出さずに大きく（…フム）と思う

POINT 口の中で（声に出さず）「フム」、または頭の中で「フム」と思うくらいが、うなずくときにちょうどいい頭の動きを促します。また、このようにうなずくと相手の話の内容が入りやすくなります。

相づちの基本

うなずきと同時に「はい」と
声をつける

POINT 相づちの基本は「はい」です。明るく元気な「はい」は、その場を明るく、また会話に対する集中力を高めます。うなずく動きに合わせて「はい」と発します。

相づち（感心）

「へ〜」「ほぉ〜」

POINT うなずくだけでなく、上記のように声を出すと相手はどのように話の内容が伝わっているのか、感じているのかを察することができます。「はい」以外のバリエーションが豊富にあると、聞き上手になります。

相づち（同意）

「なるほど」「そうですね」
「そのとおり」

POINT 相手の考えや意見を理解できたとき、それに同調するとき、疑問の答えを相手が話してくれたときなどに使う相づちです。ただし、この相づちを連発しすぎると、本当にそう思っているのかと疑問を抱かれます。

第1章 好印象の話し方・聞き方

相づち（共感）

「大変ですね」「心配ですね」
「頑張りましたね」

POINT 話の内容で、相手が弱っていたり、苦しんでいたり、大変な状況ということがわかった場合は、共感の相づちを打つと相手を励ます効果が生まれます。ただ、相手に寄り添うように気持ちを込めて言わないと、口だけの印象になります。

相づち（促進）

「というと」「その後は」

POINT 相手の話を続けさせる相づちは、話への興味を示すとともに、軽く疑問を投げかけて相手に答えてもらうような、話を先に展開させる効果があります。会話に詰まりそうなときに使えますが、使い過ぎると不快に思われます。

相づち（整理・要約）

「つまり〜ですね」
「一言でいうと〜ですね」

POINT 要約の相づちは、内容の確認と理解度を示すことができ、相手に「聞いてもらえた」という信頼感を与えます。内容が違っていれば、補足してもらえることになり会話が密になりますが、理解が足りないと不信感を抱かれることも。

相づち（転換）

「ところで」「そういえば」

POINT 相づちの言葉一つで、相手の話を切って自分の話を始めたりする会話の転換ができます。相手の話しにかぶせないように、相手が話しを言い切ってから言うのがポイントです。

話が盛り上がる相づち

「いいね」「さすがだね」「すごいね」

POINT 相手をほめる言葉、ポジティブな印象の言葉で相づちを打つと、話し手の気持ちがのって話自体が盛り上がります。場の空気も明るくなり、話が弾みやすくなります。

ダメな相づち1

小刻みに首を振りすぎる

POINT あまり小刻みに首を振りすぎると、心理学では「もうわかった、早く話を終わらせて」という印象を与える行為といわれています。

第1章　好印象の話し方・聞き方

ダメな相づち 2

「はいはいはいはい」

POINT 「はい」は「私は理解しています」と表現できる相づちですが、何度も「はい」を続けられると、話している相手は小バカにされたような、邪険に扱われた印象を持ってしまいます。

ダメな相づち 3

話の流れを無視した相づち

POINT 話を聞いているようで聞いていないと悟られる相づちです。あまりにもタイミングの悪い相づちを繰り返すと、不信感よりも反感を買って「この相手にはもう話したくない」と不快感を相手に与えます。

ダメな相づち 4

「うん、うん」

POINT とくにビジネスシーンでは気をつけたい相づちです。同僚や部下に対して使うならまだいいですが、上司の話を聞くときは「うん」ではなく「はい」にしましょう。また、口角がへの字になり、表情も渋くなりやすい相づちです。

言葉のオウム返し

あなたの話を確実に聞いていますと示すことができるのが、会話における言葉のオウム返しじゃ。

「今日は寒かったですね」→

「寒かったですね」

POINT 相手の言葉を繰り返すだけですが、話を聞いているという安心感を相手に与え、スムーズに会話を進めることができる会話のもっともポピュラーなテクニックです。

「今日は寒かったですね」→

「本当に寒かったですね」

POINT キーになる単語を使い、それに自分の言葉をプラスして返してあげてもOKです。話し手の言葉に同調することは、相手との距離をグッと縮める効果があります。

「映画に行きますか？」→

「映画いいですね」

POINT 「行きます」と答えるのではなく「いいですね」と言っても会話は通じます。さらに上記のように相手が言った「映画」を使って答えると相手はより親近感がわくはずです。

「ミラノに行ってきた！」→

「ミラノ！」

POINT 短い言葉でも相手が話した単語を使い、言い方も相手と合わせて返すと（上記の場合「！」）、気持ちもお互い伝わった感じになります。「ミラノね〜」と言い方を変えると、相手とは違うこちら側の感情が伝わるでしょう。

「そうなんですか？」→

「そうなんです」

POINT 何か質問されたときはその答えを言ってもいいですが、質問の言葉をそのまま答えとして返すと（返せる場合だけですが）、それだけで相手に伝わります。この場合、暗黙の了解のようなお互いの共通認識という意識も芽生えたりします。

相手に自然に語らせる

会話する相手の話すペースに合わせると、相手は自然と気持ちよく語りだすのじゃ。話も弾むぞ。

第1章 好印象の話し方・聞き方

相手が話しやすくなる方法1

相手の動作をまねる

POINT 目の前の相手のしぐさや行動をさりげなくまねると、相手は受け入れられていると思い、好意を抱きます。飲み物をタイミングよく一緒に飲むなど挙動を一緒にすると親近感がわき、心を開きやすく話しやすい関係になります。

相手が話しやすくなる方法2

話すスピードを合わせる

POINT 会話のスピード、リズムといったペースは、本来、人それぞれです。そこを意識して相手の話のスピードに合わせて会話を続けると会話自体のストレスがなくなっていきます。相手は「この人は話しやすい」と思うはずです。

相手が話しやすくなる方法 3

話し方をまねる

POINT 相手の動作をまねることに近い方法ですが、相手が話すときの言葉のイントネーションをさりげなくまねて会話をしていくと、より親近感を抱くとともに、楽しい内容の話であれば会話が弾んでいきます。

相手が話しやすくなる方法 4

相手と感情を合わせる

POINT 話している相手の気持ちの高低を聞いているこちらが表情やしぐさ、相づちで合わせると、相手は気持ちをそのまま口に出しやすくなります。悲しい話、困っている話のときは同情し、嬉しい話なら一緒に喜ぶという具合です。

相手が話しやすくなる方法 5

相手と呼吸を合わせる

POINT 相手の肩やお腹の動きを見て、呼吸を合わせます。また、話すときには必ず息継ぎをするので、そこを見て呼吸を合わせ、相づちを打つなどします。すると会話のリズムやスピードが自然に合い、スムーズな会話になっていきます。

相手が話しやすくなる方法6

相手と声の大きさを合わせる

POINT 声の大きさを合わせて会話すると、相手は安心して話しやすくなります。こちらが相手より小さい声だと相手は不安がり、大きい声だと相手はなだめるように小さい声になったりして気を遣わせてしまいます。

相手が話しやすくなる方法7

相手と目の高さを合わせる

POINT お互い座って同じ視線の高さで会話すると、年齢や立場の上下関係が薄まり話しがしやすくなります。お互い立って話す場合、背の高さがかなり違うと見下したり見上げたりという視線の違いで、話しづらくなる傾向があります。

相手が話しやすくなる方法8

言葉のオウム返しをする

POINT 相手の発した言葉を返すだけですが、相手に「あなたの話を聞いています」ということをダイレクトに伝えられ、お互いに話が通じていることがわかり合えます。次の話の展開もしやすくなります。

第1章 好印象の話し方・聞き方

会話相手が黙ったら

とくに初対面の相手との沈黙は気をつかうかもしれん。しかし、沈黙は会話にある程度必要なものなのじゃ。

相手が黙って視線を落としていたら

黙って待つ

POINT 相手が視線を落として一点を見つめているようなときは、何かを考えていることが多いものです。このようなときは、声をかけたりするよりも、相手の答えを待っていて大丈夫です。

相手が待っているとき 1

今までの話を反復する

POINT 相手が考えている様子もなく、こちらの話を待っているようなら、それまでの相手の話を反復するのも一つの手です。そこを糸口にさらに話が進むこともあります。

相手が待っているとき2

相手に何か気づいたことを話してもらう

POINT 相手が話したことの中で、話しながら気づいたことなどを語ってもらうのです。「気づいたことはありませんか？」とこちらは質問するだけです。人は聞いた話より語ったことをより記憶しています。新たな気づきで話が展開するかもしれません。

沈黙を恐れないための心得1

会話の間は人それぞれと意識する

POINT 質問してもなかなか答えてもらえない、初対面の人と共通の話題がなく、沈黙ばかり続く……と思っているのは自分だけということがあります。考え事をしていたり、沈黙しても平気な人は大勢います。会話のペースも人それぞれです。

沈黙を恐れないための心得2

相手が考えたり理解する時間ととらえる

POINT 沈黙がつらいからと焦って話したり、質問したりすると、空回りすることが多いです。焦りは相手にも伝わり、話しづらい空気になります。沈黙は相手の時間ととらえ、気づいたら声をかける程度とわりきると沈黙を気にせず話せます。

第1章 好印象の話し方・聞き方

会話に詰まったとき

どうしても沈黙が気になる、会話が止まった状況を打破したいと思うなら、「質問」で乗り切るのじゃ。

質問する1

相手が話した内容の感想を話し、質問する

POINT これは「言葉のオウム返し」に近い方法と考えればすぐに活用できます。相手の話の内容をより深く知るための質問を投げかければ、相手は答えてくれるでしょう。

質問する2

相手が答えやすい質問をする

POINT 相手の話の中で気づいた相手の趣味や環境のことなど、相手が答えやすい質問をしましょう。自分が知らない内容なら「教えてください」でいいのです。想像力を働かせてなるべく答えやすい質問を出すことがコツです。

質問する3

目の前のもの（景色や小物類）、ニュースネタなどを質問する

POINT 初対面の人に話をするとき、共通の話題などがないときに、相手と自分が一緒に見ているもので話のきっかけをつくると説明しました。その要領の応用です。ニュースネタでも、なるべく一般的な当たり障りのないことを質問しましょう。

会話が途切れない質問1

相手に「はい」や「いいえ」で答えさせない

POINT 何かを質問して、続けて、それはいつ（When）、どこで（Where）、誰が（Who）、何を（What）、なぜ（Why）、どのように（How）という「５Ｗ１Ｈの情報伝達」を使ってみましょう。答えから次の話に展開できる可能性が高まります。

会話が途切れない質問2

返事がわかっていても知らないふりをする

POINT 質問して、その相手の答えがわかっていても「それはどういうことですか？」と知らないふりをして聞き、相手に説明してもらう、話してもらうのです。メディアのインタビュー取材でよく使われる手法です。

第1章 好印象の話し方・聞き方

唇を鍛えると滑舌が よくなるのじゃ

唇を動かして周りの筋肉を鍛えると滑舌がよくなっていくのじゃ。下のトレーニングは筋肉を鍛えるほか唇のストレッチ効果もあるぞ。

❶ 次のA、Bの言葉を連続して30秒間発音しよう

（A）むみむみむみむみむみ
（B）むめむめむめむめむめ

❷ 次のC〜Eの言葉を順番に発音しよう

（C）ぱぺぴぷぺぽぱぽ　ぱぺぴぷぺぽぱぽ　ぱぺぴぷぺぽぱぽ
（D）ばべびぶべぼばぼ　ばべびぶべぼばぼ　ばべびぶべぼばぼ
（E）まめみむめもまも　まめみむめもまも　まめみむめもまも

❸ 次のF〜Hの言葉を順番に発音しよう

（F）ぱぴぷぺぽ ぴぷぺぽぱ ぷぺぽぱぴ ぺぽぱぴぷ ぽぱぴぷぺ
（G）ばびぶべぼ びぶべぼば ぶべぼばび べぼばびぶ ぼばびぶべ
（H）まみむめも みむめもま むめもまみ めもまみむ もまみむめ

（1）は、声を出さずに唇を動かすだけでも筋肉を鍛えられるぞ。このトレーニングは3、4回繰り返したり、スピードを変えたりすると、より効果的じゃ。

第2章

信頼される話し方

仕事場での話し方（基本編）

仕事場で気をつけたい話し方がある。
まずは基本的なところからじゃ。

仕事場での心得1

わかりやすく話す

POINT ビジネスシーンでは話や報告が伝わらなければトラブルとなります。話の内容は端的な組み立てにして、上司やスタッフに口頭で伝える際には、わかりやすくはっきりとした口調で話しましょう。

仕事場での心得2

好感をもたれるように話す

POINT わかりやすく、聞きやすい話し方をする人は、好感をもたれます。そのような人はコミュニケーションがうまく、仕事ができるタイプが多いです。社内のそのような人を参考にすると、好感をもたれる職場での話し方を身につける近道になります。

わかりやすく話す1

結論から先に話す

POINT 話の序盤と後半では、序盤のほうが記憶に残り理解されやすいといわれています。職場での報告や話は、基本的に結論や大事なことを先に話すようにします。話が伝わりやすく、相手の理解度も深いのです。時間の短縮にもなります。

わかりやすく話す2

相手に伝わる言葉を使う

POINT 仕事で使う言葉には専門用語や業界用語もあります。それらも含め、仕事場で相手がわかる言葉を覚えて使うことは大切です。また、時間、日数、数（量）などの数値（数字）を使って話すと伝わりやすいです。あいまいな言葉は避けましょう。

わかりやすく話す3

聞き取りやすい声とスピードで

POINT 職場で周囲の人に自分の声とスピードが聞き取りやすいか聞いてみると早く確認でます。改善点も周囲にアドバイスをもらいましょう。特に電話の声は、確認しておくべきです。

第2章 信頼される話し方

わかりやすく話す4

表情は言葉の内容と合わせる

POINT ニコニコしながら「申し訳ございません」や暗い表情で「いらっしゃいませ」では相手に不信感、不安感を与えます。話すときには表情も大切です。当たり前なことですが、意外とできていない人が多いのです。

わかりやすく話す5

最後まで言葉にする

POINT 伝えたいことは、最後まできちんと言葉にします。例えば、お礼は「どうも」ではなく「どうも、ありがとうございます」までです。また、日本語は文末を曖昧に発音する傾向があります。文末までハッキリと発音することを心がけましょう。

わかりやすく話す6

話の終わりを丁寧に結ぶ

POINT 社会では「ですます調」の丁寧語が基本です。また、敬語も必須です。多少おかしな物言いになっても、会話の最後をしっかりと丁寧な「ですます」または「～でした」「～ました」で締めくくると、好印象が残ります。

忙しい人に話しかける

忙しい人に話しかけるのは勇気がいる。そんなときに使える言葉があるぞ。「あの〜」と声をかけたらダメじゃ。

疑問形で話しかける

「〇〇ですよね〜」
「お忙しそうですよね〜」

POINT 話しかける相手の様子を言葉にして「〇〇ですよね〜」と「あなたの状況はわかっています」という思いを表現しながら聞く形です。相手は「そうですけど」と、返事がしやすくなり、こちらを向いてくれます。

感謝しながら話しかける

「ありがとうございます〜」
「お世話になります〜」

POINT 感謝されて嫌な思いをする人はまずいません。感謝の言葉で声をかけられると、たとえ忙しくても邪険な対応ができなくなり、とりあえず「なんでしょう?」と受け入れてくれます。

接客用語を使う

「失礼ですが〜」
「お手数おかけします」

POINT 低姿勢でお迎えしますという思いの言葉で声をかけらると、忙しい人でも、悪い気はしません。お客様扱い的に相手を持ち上げる印象を与えるので、手を止めて話を聞こうとしてくれるはずです。

お詫びから入る

「すみません」
「申し訳ございません」

POINT オーソドックスな声かけのフレーズです。オーソドックスなだけに誰もが「何か話でもあるのかな」と察しがつきやすく、話を聞こうとしてくれます。ただ、使いすぎると単なる挨拶言葉になり、お詫びにすら聞こえないので注意しましょう。

名前を言う

「○○さん、今、
よろしいでしょうか」

POINT これは当たり前のまさに鉄板フレーズです。名前は声かけに必須です。そして、後には必ず「よろしいでしょうか」または「今いいですか」をつけます。仕事中話しかけるときは、基本的に「よろしいでしょうか」とつけるべきです。

相手をほめる

「ほめる」ことは「相手の成長の促し」になる。特に目上の人や上司が普段から部下をよく見てほめるのじゃ。

ほめるポイント1

照れずにほめる

POINT 照れていては、タイミングよくほめることができません。自分のことは考えず、とにかく相手のことに意識を向けて、相手をほめ称えましょう。

ほめるポイント2

表現方法を変えてほめる

POINT 相手がほめられていることをわかっていない場合は、相手にその必要性を気づかせるために、見方や立場、表現方法を変えてほめてみましょう。

ほめるポイント3

本人も気づいてない
部分をほめる

POINT ほめる相手を普段からよく見ていないと、これはなかなかできません。ほめられた相手は感謝と信頼を寄せるはずです。

ほめ方五原則1

ほめ言葉に実感を込める

POINT 実感のこもっていないほめる行為は、やめましょう。それならほめないほうがいいです。実感がこもっていないと、嫌味や妬みに聞こえてしまうことがあります。

ほめ方五原則2

どこがいいか具体的にほめる

POINT 漠然としたほめ言葉は、相手を不安にさせることがあります。口だけという印象にもなってしまいます。行動や考え方、または結果などに対してほめ言葉を使って相手を称えましょう。

ほめ方五原則3

うまくいった瞬間にほめる

POINT ほめるのはタイミングが非常に大事です。気づいたときや結果が出たときなど、タイミング、チャンスを逃さずにほめましょう。タイミングを逃すと相手はほめられても複雑な心境になってしまうことがあります。

ほめ方五原則4

当たり前なことを実行している人をほめる

POINT 見落としがちですが、当たり前のことを当たり前に実行するのは難しいものです。ここをほめるには、普段のコミュニケーションや観察眼が重要になります。

ほめ方五原則5

ほめた後に次の目標を示す

POINT ほめることは、相手の成長への促しに通じます。ほめたときは、ほめた相手の受け入れ態勢ができます。そのときが次の成長を促すチャンスなのです。特に上司が部下をほめるときに意識しましょう。

第2章 信頼される話し方

ほめ言葉（さしすせそ）

ほめ言葉のバリエーションをもっていない人は多い。せっかくなので教えよう。ポイントは「さしすせそ」じゃ。

ほめ言葉「さ」

「さすが」「最高」「さわやかですね」

POINT 仕事や業績の結果に対して使います。「さすが」は普段から信頼しているというニュアンスも含みます。「さわやか」は、振る舞いや身なりについてのほめ言葉です。

ほめ言葉「し」

「親切ですね」「信頼しています」「信じてます」

POINT 相手の行為に対してのほめ言葉です。また、相手の現在、未来の姿勢に対してのほめ言葉にもなります。普段の行いに対して信頼している気持ちから発するほめ言葉です。

ほめ言葉「す」

「すごい」「素晴らしい」

POINT こちらも「最高」と同様に相手の行為や仕事などの業績に対して使うほめ言葉です。相手が結果を出したときにタイミングよく言ってあげると、より気持ちが伝わります。

ほめ言葉「せ」

「センスがいい」
「洗練されていますね」

POINT 相手の考え、作り出したものに対するほめ言葉です。ほめる側のセンスも少し問われるほめ言葉ですが、相手をほめるときは自信を持って言いましょう。

ほめ言葉「そ」

「尊敬します」

POINT 相手の行為や考えを「うやまう」ときに使います。相手に対して「自分も同じ考え、方向性」というニュアンスも含みます。これまでの行いが認められた気持ちになる言葉です。

第2章 信頼される話し方

男性をほめる

男と女では、ほめられても喜ぶポイントが違うのじゃ。まずは男性のほめ方を教えるぞ。

男性のほめポイント1

能力や成果をほめる

POINT プロセスも重要に思っているものの、結果がよければ、プロセスに対する思いが薄まるのが男性です。ですから結果がよいときには、そこを思いきりほめてあげましょう。

男性のほめポイント2

強さをほめる

POINT 男性の脳は「狩猟本能」の働きが強く、獲物を捕まえる「能力」や「強さ」をほめると喜びます。例えば、「営業成績がすごい」と同時に「いっぱい契約をとってきてすごい」とほめると喜びます。

男性のほめポイント3

大きくほめる

POINT 男性は1位になりたい欲求があり「世界一」などとほめられると喜びます。それは大きさにも比例して、より大げさなほめられ方をすると喜びます。

男性のほめポイント4

行動をほめる

POINT とくに女性に行動をほめられると喜びます。「荷物を持ってくれてありがとう、優しい」と言われるといい気分になります。「わざわざ迎えにきてくれてありがとう」と言われると、また迎えに来る気になるのです。

男性のほめ方の順序1

最初にほめ言葉を言う

POINT 男性の場合、会話の最初にほめ言葉を言うと、ほめていることが伝わりやすいです。先に紹介した「さしすせそ」のほめ言葉の「さすが」などを最初に言いましょう。

男性のほめ方の順序 2

理由を説明。ストレートに、具体的に、細部の行動を評価

POINT 次に何が「さすが」なのかという理由を感情のままストレートに伝えます。そのあと、「○○をしてくれましたね」など、男性がとった行動を評価します。

男性のほめ方の順序 3

相手の優位性をアピール

POINT 続いて「私にはできない」「あなたにしかできない」「あなたが一番」と、少し相手を持ち上げるようなニュアンスの言葉を伝えます。

男性のほめ方の順序 4

プライドをくすぐる

POINT ほめる順番としては最後に「どうしたら、そうできるのか教えてほしい」などと尊敬の念を込めて言うと、男性は謙遜しながらも心の中では喜びに浸ります。

ほめる順序を踏まえて言うフレーズ1

「すごい」「さすが」
「やっぱりちがいますね」

POINT ほめるときの最初は「すごい！」「さすが！」と、ほめる言葉をとにかく言っていきましょう。

ほめる順序を踏まえて言うフレーズ2

「～だから、かっこいい」
「～だったから、助かります」

POINT 続いて「～だからかっこいい」と理由を伝えてどうしてそんなにかっこよくできるのか、そのやり方、考え方をほめるのです。具体的なところを出しながら感想としてほめていきます。

ほめる順序を踏まえて言うフレーズ3

「教えてください」
「お願いします」

POINT 最後にあなたにしかできないのでお願いします、教えてくださいとまとめると、男性はポジティブに受け入れて、気持ちよく教えてくれるのです。

第2章 信頼される話し方

女性をほめる

男性と女性では喜ばれるほめ方は少し違う。続いて女性のほめ方を教えるぞ。

女性のほめポイント1

コンスタントにほめる

POINT　女性の場合はちょっとしたことでもいいので、気づいたときにほめてあげましょう。男性はあとでまとめて大きくほめる、女性は小さなことでもその場その場でほめる、というように比べるとわかりやすいでしょう。

女性のほめポイント2

プロセスをほめる

POINT　女性は成果よりも行動(プロセス)をほめると喜びます。「いつも気配りが細かいですね」「よく気が利きますね」と言われるとうれしいのです。

女性のほめポイント3

気持ちとねぎらいを重視

POINT 女性は「丁寧にやってくれてありがとう」と、行動とともにその姿勢をほめると、この人は私を理解してくれていると思い、喜びます。また同時に労を「ねぎらう」ことが重要です。

女性のほめポイント4

コツコツがんばる姿をほめる

POINT 女性は古来、家庭を守り育むことが大きな役割でした。その活動の名残が本能にあり、コツコツとがんばっている姿を評価されるとうれしいのです。

女性のほめ方の順序1

最初に気遣いの言葉を言う

POINT 男性は最初にほめ言葉でしたが、女性は「大丈夫ですか？」などと気遣いの言葉を先に伝えます。この言葉を先に出すか出さないか、その時点で女性は相手のことを評価しています。

第2章 信頼される話し方

女性のほめ方の順序2

今の行動をねぎらい そのがんばりを評価する

POINT 「がんばったね」（過去形）ではなく「がんばっているね」（進行形）と今の行動をほめないと、女性は「この人は見てくれていない」と、喜びが半減します。

女性のほめ方の順序3

「自分もそうだった」と、 共感する

POINT 次に共感してあげると、女性は喜びます。「自分も同じような経験をした、一緒にがんばろう」と伝えると、女性は心動かされるのです。

女性のほめ方の順序4

話や感想を語らせて 気持ちを満たしてあげる

POINT 最初にねぎらい、次にほめて、共感して、最後に女性の話を聞いてあげるというプロセスが全体として女性をほめている形になります。

ほめる順序を踏まえて言うフレーズ1

「大丈夫」「がんばってるね」

POINT 最初はねぎらいの言葉、そしてその場の行動をほめます。ポイントはねぎらいの言葉を忘れずに最初に口にすることです。

ほめる順序を踏まえて言うフレーズ2

「一緒にがんばろう」
「自分にもそれあったよ」

POINT 次に共感的な言葉をかけてあげましょう。ねぎらい、寄り添うことが、信頼感や親近感を生み、女性にとっては前向きな安心感につながります。

ほめる順序を踏まえて言うフレーズ3

「無理しないで」

POINT 体をいたわってあげると、女性はうれしく感じます。心配し、気にかけてくれていると思うとさらにモチベーションが上がりがんばれるのです。

第2章 信頼される話し方

叱る

間違ってはいけないのが、怒ることと叱ることは違うということ。下にあるが「叱る」＝「励まし」じゃ。

叱るときの心得1

「叱る」ことは挽回への励まし

POINT 相手が何らかの理由で本来の力を発揮していないときに、元の状態を取り戻すための「挽回への励まし」として「叱る」のです。ですから「叱る」＝「励まし」ともいえます。

叱るときの心得2

なぜ叱るかを明確にする

POINT 相手になぜ叱っているのかの理由、根拠がしっかりと伝わっていることが大事です。理由、根拠が伝わっていると相手は聞き入れやすくなります。

叱るときの声とスピード

低い声&ゆっくりと

POINT 怒りに任せて叱った場合、相手は怖がって話が入ってきません。叱られている理由もわからなくなり、改善もできなくなります。叱る側がとにかく冷静になって何が悪いのかを伝え、相手に改善を促すのです。

心に届く叱り方1

すぐ叱る

POINT ミスをしたら誰でも反省します。反省した後に叱られると不快感や不満が生じます。ミスが発覚したら直ちに叱りましょう。時間が経つと叱る効果は薄れます。

心に届く叱り方2

短く叱る

POINT 叱るのは5分以内くらいが目安です。長くなると説教じみて、相手はうんざりするか、話が早く終わってほしいという願望で頭がいっぱいになり、反省などしなくなります。

第2章 信頼される話し方

心に届く叱り方3

1対1で叱る

POINT 叱るときは、みんなの前で叱らないようにします。相手に恥をかかせない気配りは大事です。すると相手は「自分のことを思って叱ってくれている」と感じ、より耳を傾けます。

心に届く叱り方4

同じ目線で叱る

POINT どちらかが立ったり座ったりしていると必要以上に叱る側の威圧感を生みます。お互いに座るなどすると、叱られる側は受け入れやすく、反省もしやすくなります。

心に届く叱り方5

プラスの言葉を入れる

POINT ほめる→叱る→ほめるのように組み立てると、相手は話を聞く余裕もでき、反省を次に生かす前向きな気持ちになっていきます。

心に届く叱り方6

一度にあれもこれもと叱らない

POINT 多くの案件を一度に叱ると、攻撃的かつ一方的になってしまい、相手の気持ちを塞いでしまいます。反省する気もなくなるので、うまく一つにまとめて叱りましょう。

叱ったあとは1

叱ったあとは明るくさっぱりと

POINT ダメージを軽くしないと、立ち直りが遅くなることもあるので、叱った後はさっぱりと前向きになるように、少し励ましてもいいでしょう。

叱ったあとは2

フォローを忘れずにする

POINT 叱ることは期待の裏返しでもあるので、とくに激しく叱責したあとはフォローすることが大切です。激しさは期待の大きさのあらわれと思ってもらいたいものだからです。

第2章 信頼される話し方

謝る

いろいろなところでミスは起きてしまう。そのときはしっかりと謝ることじゃ。謝り方を教えよう。

謝るときの基本の声

地声で謝る

POINT　神妙に「よそゆき声」で謝る人がいますが、これは演技がかった謝罪に映り、かえって反感を買います。自分の普段の声で謝りましょう。

とっさに謝るとき

少し大きな声で「申し訳ありません」と言う

POINT　気持ちが相手にすぐに伝わるように、丁寧ながらも大きな声で謝りましょう。とっさの場合、気が動転して小さな声になるかもしれませんが、申し訳ない気持ちでいっぱいということを、しっかりまず伝えなければいけません。

時間をおいて相手に謝るとき1

ゆっくりした口調で謝る

POINT 相手に穏やかにいてもらいたい場合、謝る側がゆっくりとした口調で謝罪すると、その雰囲気が伝わって、相手も落ち着いた態度になります。

時間をおいて相手に謝るとき2

事前に謝罪の言葉を用意しておく

POINT ときにパニックに陥る状況でもあるので、できる限り謝罪の言葉を事前に用意して、頭の中で伝えたいこと、フレーズを固めておくべきです。

時間をおいて相手に謝るとき3

謝罪の言葉の間に適度な間を入れる

POINT 話しながら適度に間が入ると、心苦しく思っている、戸惑っているという印象が伝わります。「この度は……大変……ご迷惑を……おかけしました」と間を入れて謝りましょう。

断る

仕事を断るときに気が重い場合もある。しかし、断ることは「逆説得」ともいわれる説得の一種なのじゃ。

断るときの心得1

断ることは「逆説得」と考える

POINT 断る行為は、相手の気持ちを損ねないようにと気を使うものなので、気が進まない人も多いはずです。しかし、「逆説得」と考えて、自分の考えに納得してもらおうと思えば、案外気持ちよくお互いが納得できるのです。

断るときの心得2

「相手のため」と思って話す

POINT 自分の状況やスキルを考え、引き受けると結果として相手に迷惑がかかると考えたのなら、素直にその思いを話して断ります。「相手のため」と思えば、断りやすいでしょう。

断るときの基本的な話し方

きっぱりと、明るい口調で話す

POINT まず、断る理由をわかりやすく整理して伝えることが大切です。そして、済まなそうにせず、むしろきっぱりと明るく話すのがコツです。お互いに前向きな決断だとアピールします。それが、断るというマイナスなものを後に引かない秘訣です。

断り方1

頼んでくれたことに感謝してから断る

POINT 最初に大切なことは、頼んでくれたことに対する気遣いの言葉を伝えることです。信頼があるからお願いしてくれたわけです。まずはその気持ちに対してお礼を伝えます。

断り方2

断る理由を正直に話す

POINT 理由を伝えるのは言い訳がましいと思う人がいるかもしれませんが、正直に伝えれば、言われないより相手は納得しやすいものです。

気まずくならない断り方1

相手の話を最後までよく聞いた うえで判断する

POINT 最初は、できるだけ先入観を持たずに白紙の状態で話を聞きます。そこで「できる」「できない」を判断していきます。

気まずくならない断り方2

素直にお詫びする

POINT 「申し訳ありませんが」とお詫びの言葉をはじめに使い、頼みに応じられないことを率直に、正直に、理由も含めてきっちり話します。

気まずくならない断り方3

断りやすい場所で話す

POINT 断る側が優位に立てる場所で話すのも手です。自分のデスクの近くや自分の事務所など、断る側のテリトリーだと、相手も聞き入れやすいものです。

気まずくならない断り方4

代案を示して断る

POINT 「この条件なら」「資料を用意していただけるのなら」「1週間待っていただけるのなら」などを伝えます。逆にこれらの提案をクリアーする依頼であれば、気持ちよく引き受けられるでしょう。

気まずくならない断り方5

立場を変えた提案で断る

POINT 「もし部長なら……」「それは社長なら何と言いますかね」と別の立場の意見を考えて出すことで、相手に納得してもらう方法です。「社長なら絶対認めないだろう」などと言って断ります。

覚悟を決めて断る場合

自己責任で説明して断る

POINT 頼んできた人と仲が悪くなったとしても、自分がどう思われようと、不利になっても、自分の責任で断るという断り方もあります。ただし、断る説明は必ずしましょう。

第2章 信頼される話し方

頼む・依頼する

仕事をする上で大事なことは頼むこと、依頼、そしてその交渉じゃ。上手な頼み方から教えるぞ。

上手な頼み方の順序1

まず、相手の所に自ら行く

POINT お願いするわけですから、たとえ後輩や部下であっても呼びつけたりすることなく、自ら出向いて誠意を表します。

上手な頼み方の順序2

なぜ頼みたいのか理由を伝える

POINT 「○○さんが作る資料は評判がいいから、ぜひお願いしたいんだけど」など、人は理由があると動きやすくなるという特性があります。理由があると依頼を引き受けやすくなるのです。

上手な頼み方の順序 3

具体的なお願い内容を伝える

POINT　「いつまでに」「何を」「どうやって」など具体的なポイントをきちんとまとめて伝えます。お願いする内容は中途半端なものにせず、それもストレートに伝えると、相手もしっかり判断して対応してくれます。

上手な頼み方の順序 4

引き受けてもらったら感謝の気持ちをしっかり伝える

POINT　誰に対しても「ありがとう」の言葉は欠かさないように意識しましょう。感謝ができない人は、頼み事もだんだん聞いてもらえなくなっていきます。

嫌がられない頼み方 1

とにかく端的にお願いをする

POINT　回りくどい言い方は相手をイライラさせます。また頼み事で強いプレッシャーを与えると相手に大きな負担を与えることになってしまいます。端的な頼み方は気持ちよく引き受けやすいものです。

第2章　信頼される話し方

嫌がられない頼み方 2

相手の要求を聞く

POINT お願い事で相手にプレッシャーを与えると、そのまま大きな負担が相手にのしかかったようになってしまいます。頼まれる側の要求や感情に配慮するのが、嫌がられないコツです。

相手が断わりづらい頼み方 1

ストレートに熱意をもって想いを伝える

POINT 本気でお願いするという熱意を態度（身なり、服装）、言い方で示します。熱意は人を動かします。本気で取り組めば相手にも伝わるはずです。

相手が断わりづらい頼み方 2

お願いごとに理由をつける

POINT 「これ、コピーを20枚、お願い」と頼むと「今、忙しいので」と断られやすいです。そこを「30分後の会議で必要だから、これ、コピーを20枚、お願い」と頼むと、「う～ん、わかりました」となりやすいのです。

相手がイラつかない頼み方1

仲間の代表として
担ぐように頼む

POINT 「Oさんの披露宴をみんなで盛り上げようよ。営業部の代表として、スピーチをお願いできないかな」と頼むと、あまり悪い気はしないはずです。

相手がイラつかない頼み方2

とにかく負担に感じさせない
ように頼む

POINT 「いつも打ち上げで盛り上げてくれてるAさん。この前のカラオケも楽しかったよ。そのノリでOさんの披露宴で1曲披露してくれないかな」と、いつものノリでやってほしいと依頼すると負担に感じずに引き受けやすいものです。

相手がイラつかない頼み方3

相手の立場を考えて頼む

POINT 「課長のお力が必要な案件があります。ぜひともご同行いただけると、商談が一歩も二歩も進むのですが」と、相手の立場を考えて提案すると、引き受けてもらいやすくなります。

第2章　信頼される話し方

93

面倒なお願いをする場合1

簡単なお願いを承諾してもらい、直後にハードな要求をする

POINT 「コピー10部お願いします」と頼んで「いいですよ」と言われたら「では、ついでに20部お願い、あと表紙もそれぞれにつけて」と言うと流れで「わかりました」となりやすいのです。

面倒なお願いをする場合2

簡単なお願いごとを繰り返す

POINT 人は一度起こした行動を通していきたいという心理が働きます。簡単なお願いを引き受けてくれたとき、続けて同じような頼みごとも引き受けてくれたりします。それを繰り返すと、結果多くの頼みごとを引き受けてくれたりするのです。

面倒なお願いをする場合3

不意打ちのお願いで承諾させる

POINT いきなり不意打ちでお願い事をされると、頭が真っ白になり、とりあえず、一度受け入れた方が無難だと思いつい承諾してしまいます。とくに上の立場の人から不意打ちされると、つい承諾しがちです。

部下への頼みごと 1

相手より高い視線で話す

POINT 部下の近くに立ち、座っている部下を見下ろすようにして話しかけ、指示を出すと、部下はすんなり動きます。威圧感と支配権を示せるからです。

部下への頼みごと 2

「みんなやっているから」と言う

POINT 人は、他人の行動に影響を受けて、同じように行動しようとする傾向があります。この心理を利用して、「みんな外回りやっているから」と言って部下に促すと、素直に「みんなやっているのですか。わかりました」とその行動をとるようになります。

部下への頼みごと 3

「〜してもらえる？」は部下を 動かす魔法のことば

POINT 部下に指示を出すときに、「〜しろ！」という命令口調ではく、「〜してもらえる？」と優しくお願いすると、気持ちよく指示を受けてくれます。

説得する

人を説得するにはいろいろな技があるのじゃ。場の雰囲気や話し方など教えていくぞ。

説得に応じやすくするために

まず相手をリラックスさせる

POINT 相手の興味のある話題や世間話などから話し始め、それなりに場の空気がゆるんで、相手が耳を傾ける状態を作ってから本題に入っていきます。

話すときの基本の声

少し低めの声で話す

POINT 低めの声は説得力が増します。自分の唇が、のど仏のあたりにあるようなイメージで言葉を発すると、自然に低い声になります。説得力を増すためには抑揚も大事です。

説得に応じやすい話の流れ1

レベルの低い要請から
話し始める

POINT 依頼などする場合は、まず相手がすんなり引き受けてくれそうなレベルのお願いから始めることがポイントです。その後、「こちらは、いかがでしょうか？」と本題へ入ります。

説得に応じやすい話の流れ2

相手の興味、関心事を探りなが
ら話を進める

POINT 事前に相手の趣味趣向を探ってあれば、そのことで「これはいかがですか？」と聞きながら、相手の興味の方向に話をもっていき、それに絡めて説得を試みます。事前情報がなければ、雑談などから手がかりを探り、話を進めます。

説得に応じやすい話の流れ3

相手に何かしらのメリットを
感じさせる内容を話す

POINT 相手が必要としていないモノをアピールしても、それに相手が「安い」「役立ちそう」といったメリットを感じれば、交渉成立の可能性が高まります。すべての交渉事は、相手に何かしらのメリットを感じさせることがポイントとなります。

第2章　信頼される話し方

説得に応じやすい話の流れ4

相手に選択させるように比較話を入れていく

POINT 「～、前者と後者、どちらを選びますか?」と、相手に選ばせたり、比較させたりすると、相手が興味をもっている内容であれば説得がしやすくなります。自分が選択したと思うと、当事者意識が強くなり、納得感が増すのです。

説得に応じやすい話の流れ5

悪い例、逆の例から話し始めて興味をそそる

POINT 料理の話なら先に不味い料理を紹介したり、健康の話なら不健康な情報を先に伝えたりすると、相手はたとえ嫌でも先にインパクトを与えられ話に注目し、あとの良い例などすんなり聞き入れて、話が進みやすくなります。

説得する話の持っていき方(上級)

いきなりハードな要求を淡々と話す

POINT 最初に相手が受け入れがたい内容のお願いをするというのも、説得を成功させる一つの手です。相手が当然のように難色を示したら、希望を下げたふりをして、本題を切り出すのです。すると、「それならば」と返事をもらえるのです。

一人の相手を説得する場合1

「多くの人がそうだから」は効く

POINT 人は、他人の行動を参考にして自分の行動を決める傾向があります。そんな心理を利用して、「多くの人がそうだから～」と伝えると、人の行動が気になり考えるようになったりするのです。

一人の相手を説得する場合2

権威ある人の名前を出すとより話を聞いてくれる

POINT 権威ある人や専門家、著名人の意見を素直に聞く人は多いものです。そのため、こちらの意見に耳を貸さない相手でも、「あの有名な〇〇さんの～」と話に加えると、聞いてくれるようになりします。

意見が異なったとき

「そうでしょ」「～でしょ」と問い続ける

POINT 相手に考える隙を与えずに「こっちのほうがいいでしょ」「そうでしょ」「～でしょ」「～でしょ」……と問い続けると、その方向に相手を誘導することができます。考える隙を与えず「でしょ」と決めつけるところがポイントです。

商談・取引

大きなお金が動いたりなど、商談や取引は仕事人にとってとても大事じゃ。テクニックもいろいろとあるぞ。

場所の選定

慣れた環境で交渉すると優位に進められる

POINT 商談や取引の場でもスポーツと同様にホーム(自分たちの本拠地)&アウェイ(相手の本拠地)があります。話の主導権を握り、商談をリードしたいなら、ホームで行うことがベターです。

本題の前に

雑談で相手の緊張をほぐす

POINT 商談の成否は、本題前の世間話で9割決まるともいわれています。会ってすぐ本題に入ると緊張状態で話がうまく進まないことも。まずは笑顔で世間話をしながら緊張をほぐして本題に入るとすんなり交渉が進んでいきます。

要望を聞いてもらうために1

最初に過大な要求を提示する

POINT 現実的ではない大きさの要求をした後、ダメもとでそれより控えめな要求をしてみると、意外とすんなり受け入れられることがあります。人は断ると何かしらの罪悪感を覚えるので、要求が通りやすくなるのです。

要望を聞いてもらうために2

小さな要求を受け入れた直後、大きな要求を検討してもらう

POINT 簡単で小さなお願いなら受け入れやすいものですが、そんな要求を受け入れた後に、立て続けに何か頼まれるとそれも受け入れてしまいがちです。そんな人間の心理は交渉でも利用できるのです。

不利な内容をうまく伝えたいとき

ポジティブな言い換えを駆使する

POINT 「不合格になる可能性が10％あります」より「合格の可能性が90％もあります」と言われる方が、前向きに挑む気持ちになります。このように言いづらい要求をするときにはポジティブな言い換えを使うのです。

第2章 信頼される話し方

交渉テクニック1

受け入れてから条件を出す

POINT 「この仕事50万円で頼みます」と言われた際、「承知しました、ただ、納期を2か月ほど遅らせてください」と、相手の要求を受け入れたうえでこちらの条件を出し、お互い納得して進める交渉術です。

交渉テクニック2

受け入れてからやんわり断る

POINT 「この仕事またやってください」と言われた際、「お声をかけていただいて光栄です。ありがとうございます。ただ、スケジュールがいっぱいで、かなり厳しいです」と、どうしても要求をのめない時に角を立てずに異論を出す交渉術です。

交渉テクニック3

受け入れてからやんわり 提案する

POINT 「この仕事、例の方法でやってください」と言われた際、「承知しました。それなら別な方法でうまくいくかもしれませんよ」と、さりげなくこちらの提案を主張する交渉術です。「しかし、こちらのほうが」と否定的な言葉を使わないところがミソです。

報告

日々の報告は本当に大事じゃ。それを怠ると大きなミスも起きる。悪い報告は素早くするのじゃ。

報告の基本1

なるべく早く伝える

POINT 自分の仕事の進捗状況など、伝えないと上司が把握できないことは、こまめに早く報告します。上司に聞かれる前に先に報告をしておくことを心がけましょう。

報告の基本2

結論・結果から先に言う

POINT 上司への通常の報告は、「○○の商談が決まりました」「○日までにできます」と結論・結果をまず伝えます。その結論や結果に行きつくまでのことは、その後で伝えるようにします。一番のポイントを先に伝えることで、簡潔な報告になります。

第2章 信頼される話し方

報告の基本3

自分の意見は最後に言う

POINT 報告の第一は「結論」であり「事実を伝えること」です。その後、「こうしてみてはいかがでしょうか」と自分の意見を言うようにします。この順序にすると、報告がそのまま提案として生きます。

報告の内容1

数字や固有名詞をきちんと入れる

POINT 「98個が納品されました」「○○商事さんから注文が入りました」などと報告します。数や社名が曖昧な報告は報告とはいえません。

報告の内容2

「三点法」で正確に簡潔に伝える

POINT 三点法は「○○の件で報告が3つあります。第一に……第二に……第三に……」という形式です。3つにまとめると、1つの件がシンプル＆ショートセンテンスになり、全体としても簡潔でわかりやすい報告になります。

上司に悪い報告をするときの声

低めの声で速く言う

POINT 低めの声は、信頼や安心の印象を与えます。また、テンポよく畳みかけるように伝えると、相手（上司）のショックは多少和らぎます。

悪い報告をする場合1

とにかくすぐ伝える

POINT 報告が遅れたばかりに事態が悪い方向にどんどん進んでしまったら、上司すら対応できなくなるかもしれません。ネガティブな報告こそ、言い訳せずに早く報告しなければいけません。

悪い報告をする場合2

事実と意見を分ける

POINT 「商品にキズが発見されました」「商品が届いていません」が事実、「〇〇な感じで運んだからキズがついた」「3日前に発送した気がします」が意見です。事実を先に伝えることが重要です。

第2章　信頼される話し方

悪い報告をする場合3

隠さない、言い訳しない

POINT 報告が遅れた場合と同様に、隠していると、その間に事態が悪くなったら誰も対応すらできない最悪のことになるかもしれません。また、言い訳したところで事態が変わることはないので、とにかく事実を包み隠さず報告しましょう。

悪い報告をする場合4

現状報告から対応策まで伝える

POINT 現在は何がどうトラブルになっているのか、その対応をやっているのか、誰が指示を出しているのかなど、細かく事実を報告します。

悪い報告をする場合5

話を切り出すときは、予告的な言葉を入れる

POINT 「緊急でお伝えしたい案件が……」「状況が急変しました〜」など、報告の最初に悪い報告を匂わせるような言葉やフレーズを入れて話をします。上司は、最初の言葉で察し、身構えたり心の準備をするはずです。

仕事場での話し方（日常編）

仕事場での日常の会話では気をつけたいことが山ほどある。上司、先輩、部下と立場で話し方に違いがあるぞ。

上司・先輩に気に入られる一言

「教えて下さい！」

POINT 上司や先輩スタッフは「ポジションが上」であることに多少なりとも優越感を持っています。その気持ちをくすぐり、従順な姿勢もアピールできます。もちろん、素直に仕事を教えてもらう場合もこの一言です。「お願いします」も加えましょう。

上司との話し方（基本）

なるべく短時間で要領よく話す

POINT 基本的に上司は会議なども多く、時間に追われて忙しいものです。実際に話すときもなるべく上司の時間を奪わないように、なるべく短時間で要領よくポイントを話しましょう。

第2章 信頼される話し方

上司との話し方1

話のテーマ、結論を先に言う

POINT 報告と同様に、上司には結論を先に言うことが鉄則です。また、これから話すテーマも先に伝えれば、その後の話を上司は考えを巡らせながら聞き、指示や意見を出しやすくなります。

上司との話し方2

話に必要な時間を先に伝える

POINT 人それぞれに仕事の時間があります。長い話になるのか短い話になるのかを先に伝えることで、その場で話を聞くのか、後で聞くのかなどの仕事の段取りを決められます。とくに忙しい上司には必要時間を伝えます。

上司との話し方3

相づちなどリアクションをしっかりする

POINT 上司との関係性を考えると、やはり上司には気に入られたほうが仕事などが円滑になるわけです。少なくとも上司の話には、相づちやリアクションをしっかりとって、話を聞いていることを表現しましょう。

上司に相談を持ちかけるとき1

「ちょっとだけよろしいでしょうか」と言うと応じやすい

POINT 忙しい上司でも、部下から「ちょっとだけ」「3分だけ」と小さい条件で提示されると、良心からその少しの時間だけでも話を聞こうとしてくれるはずです。「ちょっとだけ」と言うと、応じざるを得なくなるのです。

上司に相談を持ちかけるとき2

「〇〇さんだからこそ」と限定的な言い方をする

POINT 限定的な言い方をされると、自尊心が満たされてついつい引き受けようとします。その心理を利用します。上司に使うのは効果的ですし、仕事場の誰にでも使えるテクニックです。

ゴマのすり方1

「まねしていいですか」

POINT 上司や先輩に気に入られる言葉として「教えてください」を紹介しましたが、それにニュアンスは近いものの、さらにへりくだり、相手を持ち上げる力がある言葉です。

第2章 信頼される話し方

ゴマのすり方2

「参考にさせてください！」

POINT 上司や先輩の経験や知識を持ち上げるニュアンスの言葉です。「まねしていいですか」も含め、上司や先輩との年齢差や立場の違いがあればあるほど、「見込みのある若者だ」とかわいがられる可能性を秘めた言葉です。

権威好きな上司を説得するとき

有名人やマスコミのことを引き合いに出す

POINT 権威ある人や有名人と、その人の言葉を話に入れると、意外とすんなり納得してくれるでしょう。自分の意見と相違すると怒ってしまう傾向があります。

自分は特別と思っている上司を説得するとき

とにかくおだてる

POINT 自意識過剰な人なので、おだてて、ほめて、ともかく気分を良くしておいて説得にかかると聞いてくれやすい傾向があります。

対立を嫌う上司を説得するとき

周りの人の意見を伝える

POINT 自分の意見はもっておらず、周囲に合わせていれば安心するため、「〇〇課長も△△部長も同じ意見です」で、説得可能です。

情にもろい上司を説得するとき

普段からお土産など渡す

POINT 場の雰囲気を大事にするタイプで、ちょっとしたお土産を渡したりしておくと、何かのときに力になってくれたりする上司です。そのように普段からコミュニケーションをとっていれば、要望や提案など聞き入れてくれやすいです。

数字にこだわる上司を説得するとき

グラフや表で説明することを心がける

POINT 何かにつけ、数字やグラフで示すことにこだわります。言われた通り、そのままグラフや表で説明できれば、説得可能です。

部下との話し方（基本）

部下に求めていることを、先に伝える

POINT 部下に対しても、話のテーマなどを最初に言うことは、報告や上司に対する話し方と同じです。部下に求めていることなどの話のテーマを最初に伝え、話しながら一緒に考えるように進めていきます。

部下との話し方1

頭ごなしに否定や決め付けをしない

POINT 部下を見ている立場だと、仕事の行為や振る舞いなどを上から目線で見る形になります。そのうちに性格や人となりを決めつけてしまいがちになり、会話でもそれが出やすいのです。すると部下は話しづらい印象をもってしまうでしょう。

部下との話し方2

一通りの話が終わってから質問形式で話を進める

POINT 部下が自分で考えて答えを出せるように、質問などしながら一緒に仕事のことなどを考えつつ、部下の中にある気づきを意識するように話していきましょう。

気弱な部下に対して1

とにかくほめる、フォローする

POINT 仕事でミスが多く成績も冴えない部下は、普段から気弱になりがちです。そんな部下を「仕事が丁寧だ」などととにかくほめて期待をかけ続けると、あるとき、ほんの小さなことから自信が芽生え、そこから本当に成長することがあります。

気弱な部下に対して2

「〇〇だったんだね〜」

POINT 部下のことをいつも見て「〇〇だったんだね〜」と共感の言葉をかけると、とくに女性は「私のことをわかってくれている」と、上司や先輩を慕い、勇気が湧いて果敢に仕事に取り組むようになっていきます。

言いにくいことを伝えるとき1

「あいにく」「せっかくですが」「申し訳ございませんが」

POINT 言いにくいことを伝える前に、上記の言葉を添えると、伝えやすくなります。これらは「クッション言葉」といわれるもので、相手は、話し手の気持ちの察しがつき、そのうえで後の話が受け入れやすくなる効果があります。

第2章　信頼される話し方

113

言いにくいことを伝えるとき2

「恐縮ですが」「恐れ入りますが」「悪いんですけれども」

POINT こちらも最初に言うクッション言葉です。クッション言葉を使うと語調も柔らかくなります。

苦手な相手に話しかけるとき

「教えてください」と相談をもちかける

POINT 相談をもちかける形は、仕事関係の人や目上の人に話しかけるきっかけとして使えるテクニックです。きっかけが何もない苦手な相手でも「教えてください」と相談に行けば、多少でも受け入れてくれるはずです。

頑固な仕事人と打ち解けたいとき

相手のこだわりを評価する

POINT 頑固でこだわりのある堅物な人は、その頑固な部分を評価してあげると、理解者だと思い親切に接してくれます。そこから関係性が構築できます。

会話を切り上げる

話し好きは、時間や状況を気にせず一方的に長々と話す。そんな話を切り上げる技を知っておいても損はないぞ。

切り上げポイント1

相手の呼吸を見る

POINT 話をするときは、当然、呼吸をしています。言葉を発するタイミングも呼吸と同じタイミングです。相手が息を吐き終わった（言葉を言い切った）タイミングが会話を切るポイントです。

切り上げポイント2

息継ぎのタイミングで相づちを打つ

POINT 話し好きな相手はずっと何かを話していますが、必ず息継ぎはしています。そのタイミングで相づちを打ち、自分が話し始めることができれば、会話を切ることができます。

切り上げる順序1

「そうなのですか〜」「〜ですね」
と相手の話をまとめる

POINT 相手の息継ぎのタイミングで相づちを打ちながら、その相づちを上記の言葉にしていきます。要は、相手の話をまとめてしまうわけです。まとめたら、今度は自分が話を始めます。

切り上げる順序2

自分の話を始める

POINT 相手の話をまとめ、終わらせて、さっと自分が話し始めます。「そういえば、私は○○が〜」などと言って、自分の話にもっていき、自分が話すのです。

切り上げる順序3

自分の話で会話を終わらせる

POINT 上手な会話の切り上げ方は、自分の話で会話を終わらせるというところです。自分が話し終えて「そろそろ時間なので」などと言って終わらせます。相手が話しているときに会話を切り上げると、後味が悪い感じになってしまうからです。

切り上げる順序4

相手に質問をしない

POINT 会話を終えながら、相手に質問などしたら、また話が始まってしまいます。自分の話で終わらせることを意識します。

切り上げる順序5

失礼のないように
素早く挨拶する

POINT 「それでは、また」などと、別れの挨拶をしてしまいます。話し好きな相手は、思い出したように何かのきっかけですぐ話しかけてくるので、切り上げたいのなら、挨拶後、すぐに体の向きも相手と別の方に向けます。

切り上げる順序6

相手から離れていく

POINT 笑顔でまた挨拶しながら相手から離れていきましょう。相手が名残惜しそうなら「また今度ぜひ」などと言って離れましょう。

電話の話し方

会社内で声を出すのに一番使っているのが電話という人もいる。電話の話し方は少し独特なのじゃ。

受けたときの第一声

「ソ」か「ラ」の音で声を出す

POINT 電話を受けたときの第一声は、少し高めの声で出ると、明るくはっきり相手に伝わります。電話では普段より高めの声を意識します。

口の開け方

大きめに口を開けて話す

POINT 受話器に向かうとボソボソ声になってしまう人もいます。受話器はあまり意識せず、大きく口を動かすイメージで話すと電話の相手は声が聞こえやすいはずです。

電話での発声1

普段よりもハッキリ発声
する意識で話す

POINT 基本的には、一言一言、一音一音をハキハキさせるイメージで話します。ハッキリとした言葉を受話器から伝えるイメージです。語尾までしっかり発音します。

電話での発声2

低い声で話すと
相手は疲れない

POINT 周囲が静かなところでの電話の会話では、大きな声は必要ありません。大きく高い声は意外と耳も疲れます。逆に低い声は疲れません。

話すスピード

少しゆっくり話す

POINT 少しゆっくりしたほうが、言葉は聞き取りやすくなります。電話だと早口になる人が多いと言われています。意識してゆっくり話してもいいかもしれません。

第2章 信頼される話し方

電話のマナー

最初に、今、話してよいのかを確認する

POINT 相手が電話に出た際に「今、よろしいでしょうか」と確認するのはマナーです。

電話中の態度

態度は伝わっていることに注意する

POINT 電話で話しているときの態度は、相手に見えなくても伝わっているといわれています。ふんぞり返って「ありがとうございます」と言っても、横柄な態度が伝わっている可能性があります。

自分の態度を知るために

電話の前に鏡を置いて話す

POINT テレフォンアポインターが使う手法です。自分の笑顔を確認しながら電話で話すと、その笑顔の気持ちが伝わるというものです。電話の声が暗いと言われている人などは試してみる価値があります。

スムーズに話すために

受話器の向こうの状況を想像する

POINT 電話では相手が見えないぶん、意識を集中して相手の状況などを想像力を働かせながら対応する必要があります。向こうの状況によってこちらが声を大きくしたり、話し方や話す言葉を変えるなどすると、会話がスムーズになります。

相手に断られにくい電話アポイント1

基本的に相手の都合に合わせる

POINT 訪問してOKか、訪問する日時はいつかなどすべて相手の都合に合わせて話を進めます。たとえ相手に「訪問は遠慮してください」と言われても「では、電話であればよろしいでしょうか。いつごろがお手すきですか」と相手の都合を聞きます。

相手に断られにくい電話アポイント2

見通しを伝える

POINT いきなり「会いたいです」と伝えるのではなく、所要時間や会って話す内容など具体的なことを伝えて相手に判断を仰ぎます。相手も面談の見通しがつきやすく「会いたい」といきなり言われるより、会ってくれる確率が高まります。

第2章　信頼される話し方

相手に断られにくい電話アポイント3

相手に選択させる

POINT 例えば「あらかじめ資料を送るか、訪問したときに資料の説明をするか、どちらにしましょうか」などと、相手に選択肢を示すのです。少しでも乗り気の相手なら、提示した内容から選び納得したうえで会ってくれます。

相手に断られにくい電話アポイント4

相手の負担をなるべく減らす

POINT 「今すぐ契約ということではなく、まずはご挨拶だけでも」と言っておけば、相手の気分的な負担は減り、会ってくれやすくなります。会ってくれた場合、電話だけの交渉より話が進んだり交渉成立の可能性が高まります。

相手に断られにくい電話アポイント5

質問して相手のニーズを探る

POINT 一方的な訪問のアポイントだけではなく、相手が困っていることや欲しいものなどを、電話で質問しながら探ってみるのです。解決策につながる商品などをもっていれば、訪問や商談につなげることができます。

クレームを受けたとき

クレーム・苦情の対応は、ここまで紹介してきた話し方・聞き方がもっとも試される場面なのじゃ。

クレーム対応 step 1

苦情へのお詫びと、話してくれたことに感謝をする

POINT まず、丁重な言い回しと落ち着いた声で、言われた内容に対してのお詫びを伝えます。苦情を言うほうもつらいものなので、その気持ちを受け取るように対応します。最初は会社の責任などということは言わず、苦情に対するお詫びに徹します。

クレーム対応 step 2

事実確認をする

POINT 相手が一通り苦情を言い終えたら、苦情の内容についての事実確認をします。相手が落ち着いていたとしても、感情を逆なでしないように淡々と質問します。相手が答えたらオウム返しの要領で復唱していきます。

クレーム対応step 3

慎重に質問し、相手の要望を探る

POINT 相手は何に対して苦情を言っているのか、何に対して怒っているのかを今一度確認し、丁寧な言い回しで慎重に質問して相手の要望を探ります。要望がつかめない場合には、相手が落ち着いているなら直接聞いてみる場合もあります。

クレーム対応step 4

対応策を説明する

POINT すぐに対応策を提示できない場合には、その理由とともに提示できる日時等をその時点で出せる範囲で伝えます。対応策をすぐに伝えられる場合は、丁寧に説明し、相手の要望など納得してもらえるところまで話を進めます。

クレーム対応step 5

最後に感謝の言葉を伝える

POINT クレームや苦情は、会社側が気づいていない改善点や修復点を訴えている場合が多いものです。そのことに対して貴重な意見を言っていただいたと、最後はお詫びと感謝をしっかり相手に伝えるようにします。

第 3 章

人前で話す

あがらずに話す

人前で話すときに緊張しすぎてしまう人がいる。そんな人にはこれから教える方法で緊張を和らげてほしい。

先に知っておくと役立つあがる人の共通点1

苦手意識に引っ張られ過ぎる

POINT 過去に人前で失敗した、いわゆる「トラウマ」になっているパターンです。しかし、そんな中でも少し成功したこともあったはず。そちらを思い出し、とにかく場数を踏んで小さな成功でも積み重ねていくと、自然と苦手意識は解消します。

先に知っておくと役立つあがる人の共通点2

事前準備をしてない

POINT 人前でスラスラ話せる人が実はどれだけ周到な準備をしているかは誰も知りません。準備なしに話せる人は一握り。普通は台本を作り、練習し、身につけて本番です。いきなりできる人は、以前身につけた話し方を応用しているのです。

先に知っておくと役立つあがる人の共通点3

淀みなく話そうと思い込んでいる

POINT いかに上手に話すかということでいっぱいになってしまい、それであがって上手に話せないパターンです。「話す」とは相手に伝えることですから、そこに気づき、相手にいかに伝わっているかに注力すると、あがらなくなっていきます。

先に知っておくと役立つあがる人の共通点4

完璧さを求めすぎる

POINT 完璧に話そうと血走っている人と、適度にリラックスして話している人では、どちらが好印象でしょうか。練習では完璧さを求めるべきですが、話しの本番で完璧さを求めすぎるのはやめましょう。本番は自然体を目指しましょう。

第3章 人前で話す

先に知っておくと役立つあがる人の共通点5

テクニックに依存しすぎる

POINT テクニックは重要です。ただ、いろいろなテクニックを身につけてもあがってしまう人は、あれもこれもとテクニックでいっぱいになっている可能性があります。一つずつテクニックを身につけて、一つずつ活用していきましょう。

話す前に緊張をほぐす1

いっそのこと緊張を
MAXにしてしまう

POINT 話す前に緊張するなら、そこで一番緊張しておくと本番では少し落ち着いて話ができるでしょう。本番に緊張MAXで失敗するなら、話す前に緊張しておくのは一つの手といえます。

話す前に緊張をほぐす2

一度肩に力を入れて
ストンと落とす

POINT 簡単なリラックス方法の一つです。ストンと肩を落とすと少し力が抜けて、余計な緊張は緩みます。

話す前に緊張をほぐす3

息を吐いてから吸う

POINT 深呼吸で緊張をほぐす方法ですが、最初に肺の空気をすべて出し切ってから、鼻から息を吸います。肺の空気を出し切るのがミソです。苦しくても出し切って、その勢いで力まずに自然と鼻から空気をいれます。かなり脱力できます。

話す前に緊張をほぐす4

てのひらに「人」を描き、食べる

POINT 古典的な方法ですが、このようなルーティーンは効果的です。オリジナルの「あがらない」ルーティーンを編み出してみましょう。

あがりすぎないために1

あがりはプラスの信号だと思う

POINT 「あがること」をマイナスにとらえる傾向があります。ただ、しっかり話そうと意識するからあがるわけで、それは真面目さや向上心があるから。つまりあがることはプラスの信号なのです。

あがりすぎないために2

あがったらしめたと思う

POINT 「あがることはプラス」なので、しめたと思えばいいわけです。それでも結局あがります。しかし、プラスですからいいのです。あがりすぎに注意すればいいのです。

第3章 人前で話す

あがりすぎないために3

実は自分が思っているほど
あがっていないと思う

POINT あがりすぎる人の多くは「自意識過剰」といわれています。実際、それほどあがっているように見えない人もいます。実は自分が思っているほどあがっていない、と思うとあがることは減っていきます。

緊張していると感じたら1

緊張している自分をほめる

POINT 実際、緊張しているということはいいことなのです。きちんと話そう、この場を大事にしようと思うから緊張するわけです。そんな緊張している自分をほめると、余計な緊張はほぐれいい緊張感が残ります。

緊張していると感じたら2

視線がよく合う人に向けて話す

POINT 話していて、緊張のあまりパニックになりそうであれば、とりあえず視線がよく合う人に向けて話してみましょう。自分の話を聞いてくれているであろう人に話していると、自然と緊張が緩んでいきます。

緊張していると感じたら3

うなずいて聞いてくれそうな人を見つけて、その人に話す

POINT これも視線がよく合う人と同様、自分の話を聞いてくれているであろう人（うなずいてくれる人）に話していると、自然と緊張が緩んでいきます。

話しながら緊張をほぐす

腹式呼吸を意識する

POINT 腹式呼吸は、緊張を和らげる効果があるようです。話しながらできるので、本番中に緊張をほぐしたくなったら、腹式呼吸を意識するようにしましょう。

緊張して頭が真っ白になってしまったら

自分の状態を実況中継する

POINT 最悪の状態ですが、そんな状態のときはそれを話してしまうのも一つの手です。何も話さないより、正直に自分の状態を話すと相手も聞いてくれます。

第3章　人前で話す

話す準備

人前で話す前の準備はとっても大切じゃ。準備で9割とも言われているぞ。

準備するもの1

できれば原稿・台本を用意する

POINT 本番で何を話すのか事前に決め、文章にして原稿や台本を作り、それで練習をするのは理想です。そこまでできなくても、内容を決めて、練習は何度かしておきましょう。

準備するもの2

キーワードを書いたメモを手元に用意する

POINT 本番で台本や原稿が使えないようであれば、内容がわかるキーワードなどをメモにして、手元に置きましょう。また台本などを作らなくても、話す内容のメモを作って持っておくべきです。

準備すること1

原稿・台本を声に出して読む

POINT 声に出して読むと、修正したいところも出てきます。そんな修正も重ねながら声に出して練習しましょう。繰り返せば内容も覚えられるでしょう。

準備すること2

会場や場所を下見する

POINT 会場に慣れるためにも下見はしておいたほうがいいです。直接できなくても、会場の写真を見るなど、できる限り場所や会場を知っておきましょう

準備すること3

話す前日はしっかり睡眠をとる

POINT 本番に向け頭や体を休めておくことはもちろん、のどを休める意味があります。声帯は筋肉ですから疲労します。十分な睡眠でのどを休ませておくのです。

第3章 人前で話す

準備すること4

当日はなるべく歩く

POINT 股関節をゆっくり大きく動かしておくと、低音の響きが出ます。大股で歩いて硬くなった股関節を柔らかくしておくのです。

準備すること5

お水を用意する

POINT 水でのどを潤した直後が一番いい声が出るといわれています。お茶やコーヒーより、お水がいいそうです。

準備すること6

話をする前は食べ過ぎない

POINT 満腹状態だとキビキビ動けません。また、腹式呼吸がしづらくなります。ただ、何も食べないと途中で疲れてしまう可能性もあるので、消化のよい軽食をとるようにしましょう。

スピーチの練習

本番前には必ず練習をしておくべきじゃ。いろいろな練習方法があるぞ。

スピーチの練習1

１分間に300〜350字のスピードで話す練習をする

POINT NHKのアナウンサーは１分間に300字程度のスピードで話します。これくらいが人にとって聞きやすいスピードです。それを事前に練習しておきましょう。

スピーチの練習2

人前で話すときは「ソ」か「ラ」で話せるように練習をする

POINT 声の音階は「ドレミファソラシド」の「ソ」「ラ」くらいの少し高めが、スピーチでは人が聞きやすい声の高さだそうです。

スピーチの練習3

自分のスピーチを録音して聴く

POINT スピーチの練習をするなら、自分のスピーチを録音して聞くことが早く上達できる方法ともいわれています。自分が思っている以上に、実際に話している声は違います。

スピーチの練習4

鏡の前でスピーチする

POINT 体の向きや身振り、自分が人からどのように見えるのか、それら自分の容姿のチェックも含めて、自分を見ながらスピーチの練習をしましょう。

スピーチの練習5

本番と同じ服装で練習する

POINT 実際の話しやすさ、動きやすさも含め、当日の服装が事前に用意できるなら、その服装で練習しチェックしておくべきです。

スピーチ法 (PREP法)

わかりやすい話し方として有名なPREP（プレップ）法というスピーチ法を紹介しよう

PREP法1（Point ポイント）

最初に結論（Point）を話す

POINT ある自己PRの例文です。
「私の長所は責任感が強いことです」
最初にこのように結論を言います。

PREP法2（Reason 理由）

次に理由（Reason）を話す

POINT 上の自己PRに続き、
「なぜなら、途中で投げ出すことをしないからです」
と結論の次に理由を続けます。

PREP法3（Example　具体例）

具体例（Example）を出して納得を促す

POINT 続いて、
「学生時代は野球部のキャプテンとしてチームをまとめ、県大会ベスト4になりました」
と理由の次に具体例を話します。

PREP法4（Point　ポイント）

最後にもう一度結論（Point）を伝える

POINT 最後に
「ですから、私の長所は責任感が強いことです」
とまとめます。

PREP法まとめ

結論（P）→理由（R）→具体例（E）→結論（P）

POINT （P）「私の長所は責任感が強いことです」
（R）「なぜなら、途中で投げ出すことをしないからです」
（E）「学生時代は〜県大会ベスト4になりました」
（P）「ですから、私の長所は責任感が強いことです」

PREP法以外の話し方

PREP法のほかに「時系列法」や「起承転結法」といったスピーチ法があるのじゃ。

時系列法 1

最初に過去のことを話す

POINT 「時系列法」は時間軸に沿った話の展開のスピーチ法です。
過去→現在→未来の順番で組み立てます。
例えば「私は昔、背が低いことがコンプレックスでした」
と、まず過去のことを話します。

時系列法 2

続いて現在のことを話す

POINT 続いて、
「体操選手になって、日本選手権でも入賞しました」
と、現在のことを話します。

時系列法 3

最後に未来のこと、夢や予想を話す

POINT 最後に、
「将来は指導者になって、オリンピック選手を育てたいです」
と、未来のことで話をまとめます。

起承転結法（起）

最初に、今までの流れを話す

POINT 小論文を書く際に用いられる組み立て型を使った話法。
最初は今までのことを話します。例として、
「今までは、お金のあるときだけ証券を買っていた」
と始めます。

起承転結法（承）

続いて現状の分析を話す

POINT 続いて、
「結果、今は保有資産のバランスが悪くなった」
と現在の状況とその分析を話します。

起承転結法（転）

問題解決策など現状への提案を話す

POINT 続いて、
「▲▲▲というものなら、バランスのいい投資ができる」
と問題を解決する策の話をします。

起承転結法（結）

今後の展望を話す

POINT 最後に（結）で、
「その▲▲▲を利用して、保有資産のバランスもとれそうだ」
と（転）の提案を受けて、未来はそのようにしていこうという話
でまとめます。

起承転結法まとめ

起（過去）→承（現在）→転（提案）→結（未来）

POINT （起）「今までは、お金のあるときだけ証券を買っていた」
（承）「結果、今は保有資産のバランスが悪くなった」
（転）「▲▲▲なら、バランスのいい投資ができる」
（結）「これから▲▲▲で、保有資産のバランスもよくなる」

第3章　人前で話す

朝礼など短いスピーチ

日常的によくあるのが、朝礼や会議でのスピーチじゃ。いきなりふられることもあるから、普段から準備じゃ。

初めてスピーチする場合

話す場所、相手の数などシチュエーションを把握しておく

POINT 大切なことは自分（話す人）の立場とその立場の役割を心得た上で話す内容です。短いスピーチでも、場の空気を読んで、普段思っていることをどれだけ話せるかが必要です。

ネタ探し1

普段から、気づき、アイデアなどをメモしておく

POINT 朝礼など社内でのスピーチで話せることを普段から探しておきましょう。日々素直に感じることでいいのです。

ネタ探し2

身の周りのことに問題意識を もっておく

POINT 個人的なことよりも部署内での仕事の段取りといった周りの ことについて問題意識や改善点を模索したりしていると、それ が社内でスピーチする際のネタになったりします。

ネタ探し3

先輩や上司に事前に 過去の事例を確認しておく

POINT 過去にどんなスピーチがあったかなど、先輩や上司に聞いてお くと、どんな話をすればいいのかヒントになるはずです。

自分がスピーチする前に

上司や先輩の普段の スピーチを観察する

POINT 朝礼以外でも、上司や先輩が会議などでプレゼンやスピーチす る場面をしっかり見ておきましょう。ネタも含めどんな話し方 で自分はスピーチすればいいのか、わかってくるはずです。

第3章 人前で話す

起承転結法でスピーチ1

挨拶（起）→最近の話（承）→

POINT 朝礼などでの短いスピーチでは、起承転結法の話し方の組み立てが適しています。まず挨拶して名前を名乗り、最近感じたことなどを話していきます。

起承転結法でスピーチ2

（承）に対する感想（転）→
まとめと挨拶（結）

POINT 最近感じたことなど（承）に対する自分の考えや感想（転）を話し、最後にこれからの抱負を入れて、スピーチを聞いている人たちへの激励と挨拶で締めます。

いつ指名されてもいいように

スピーチのパターンを
勉強しておく

POINT 仕事場ではいきなりスピーチをふられることがあります。起承転結法、PREP法などスピーチのパターンを覚えておき、いざというときに話せるようにしておきましょう。

プレゼンテーション

いよいよプレゼンじゃ。うまく話せれば会社での評価も高まるぞ。

ホワイトボード横で話すとき

ホワイトボードに向かず、参加者に向いて話す

POINT ホワイトボードを指しながら話す場合など、どうしてもホワイトボードに体を向けがちですが、できるだけ会議参加者に向かって話すようにしましょう。

資料を見ながら話すとき

なるべく下を向かず、参加者に向いて話す

POINT こちらもホワイトボードと同様に、どうしても手元の資料などに目を向けて話してしまいがちですが、なるべく頭を上げて、参加者に向かって話すようにします。

プレゼン内容の組み立て方

最初に短所を伝え、その後に長所を伝える

POINT 会議などでは、後に出た話のほうが強調されやすい傾向にあります。そこでプレゼンでは、短所は先に伝えてしまい、長所を後に発表して、よい部分が記憶に残るようにするのです。

プレゼンの話し方1

一文一文を短くして、意味が伝わりやすい長さに区切る

POINT 一度に話す文章が長いと伝わりにくくなることがあります。目安は一文が50字以内くらいです。

プレゼンの話し方2

箇条書き方式で話す

POINT 最初に全体像を話し、その際に話しながら要点（キーワード）をホワイトボードなどに書き出し、その要点に番号を振っていきます。後にその番号順に要点を詳しく説明していくという方法です。理解しやすいスピーチになります。

プレゼンの話し方3

５Ｗ１Ｈ、数値、データ、などを使う

POINT いつ（When）、どこで（Where）、誰が（Who）、何を（What）、なぜ（Why）、どのように（How）という情報伝達のポイントの「５Ｗ１Ｈ」や具体的な数値などを多く示せれば、プレゼン内容の説得力が増します。

プレゼンの話し方4

参加者の反応を確かめながら話す

POINT 参加者を見ながら話したり、質問などを促して参加者の反応を確かめながら進めていきます。一方的に話して終わりでは、話が素通りしてしまっている可能性もあり、参加者の理解度もわかりません。

プレゼンの話し方5

人の意見などにかぶせないように話す

POINT 人が話をしているときは、最後まで聞き、話し終わってから意見を述べたり、質問するようにしましょう。

第３章 人前で話す

プレゼンの話し方 6

強調ポイントはしっかり
大きな声と間で話す

POINT プレゼンのときに棒読みで資料を読んだり、話したりする人は意外に多いそうです。大事な部分は、繰り返したり、間を空けたりして強調しましょう。

ビジュアル的な資料を用意する

グラフ、写真、プレゼンする品
など用意する

POINT ビジュアル的な資料は、プレゼン内容がわかりやすくなるという点と、会議が盛り上がるという点で用意したほうがいいものです。

プレゼン時間

短くても無理に長くしない

POINT 大事なことを漏れなく端的に伝えられるのであれば、話す時間は短くていいのです。話しが長いと聞いている参加者は途中から頭に入らなくなっていきます。

プレゼン中の視線1

まず全体を見て、
見やすい人に目を向ける

POINT キョロキョロしながら話すと、プレゼンが散漫な印象になります。誰か目を合わせやすい人がいたら、その人を見ながら話していきます。

プレゼン中の視線2

キーパーソンに目があったら
いったん止める

POINT 決定権を持っているような人とプレゼン中に目があったら、そこで目をいったん止めます。また重要個所や決定を促すところでは、キーパーソンに目を向けます。

プレゼン中の視線3

話の区切りで目を合わせる

POINT ワンフレーズずつ誰かと目を合わせて話していくと、プレゼンにリズムが生まれ、また説得力が増す話の雰囲気になっていきます。目があった人は頷きながら話を聞いてくれるでしょう。

第3章 人前で話す

飽きさせないスピーチ

多くの聴衆を前にするスピーチでは、飽きさせない工夫などこれまでとは気をつけるところが違うぞ。

地域の話を最初に入れる

スピーチ場所の土地の話をする

POINT 多くの聴衆がいる場所に出向いてスピーチをする場合、聴衆の心をつかむオーソドックスなネタが、その会場のご当地的な話です。とくに地方では最初に出しやすいネタです。

季節や天気の話を最初に入れる

共感を得られる話をする

POINT 「今日は天気がいいですね」という個人向けの雑談ネタではなく、世間的に注目があり、かつ当たり障りのない天気や季節ネタはスピーチの導入にちょうどいいです。台風や雪、猛暑、寒波、紅葉などです。

たとえ話を入れる

「これを〇〇にたとえると〜」

POINT たとえ話を入れたり、何かにたとえて話したりすると、話がわかりやすくなるほか、本題以外のネタが入ってきたりして聞く人を飽きさせません。たとえ方のセンスにユーモアも加われば、話の印象も面白いものになります。

オトマトペを使う

擬音語＋擬態語を入れていく

POINT 「ワンワン」「ゴーン」「ピカピカ」など音の言葉が入ってくると、臨場感や楽しさが増します。聞いている方も楽しい気分になるでしょう。

有名人の言葉を引用する

「あの〇〇さんが「〇〇〇」と言って〜」

POINT 話に説得力が増します。また、引用するる有名人によって話の面白さも高められるはずです。

有名なセリフを入れる

映画などの有名な
セリフを入れる

POINT 映画やドラマのセリフなどを話に入れると、面白さはもちろん、セリフのチョイスでその映画の世界を垣間見る感覚になったりします。

有名な言葉を入れる

ことわざ、慣用句などを
駆使する

POINT 話がわかりやすくなり、また言葉の勉強にもつながっていく側面がでてきます。

会話を盛りこむ

落語のように一人二役などする
と話の臨場感が増す

POINT 話し慣れていれば問題ないですが、落語のように話すとなると練習が必要です。聞く人は面白がって聞いてくれるはずです。

アクションを入れる

声だけではない体を使った伝え方を駆使する

POINT 話し手がアグレッシブに動くと、熱意が伝わり、聞く人はより注目して聞き続けてくれます。

オリジナルエピソードを入れる1

実体験を話す

POINT 普通ではあまりない実体験の話であれば、聞く人も盛り上がるはずです。よくある話なら、入れなくてもいいかもしれません。

オリジナルエピソードを入れる2

スピーチ直前に遭遇したことを話す

POINT タイムリーな話は、聞く人の興味を引きます。ただ、内容が普通であれば、入れなくてもいいものです。

第3章 人前で話す

説得力を出すために

数値、データなどを盛り込む

POINT プレゼンと同じように、数値やデータの資料は、話に説得力を
与えてくれます。

視覚に訴える

描写力を駆使して話す

POINT 情景や物の形、また味や天候などを言葉をうまく表現できる
と、聞く人の注目は高まるでしょう。

表情に気をつける

話す内容に合わせて
表情を変える

POINT 無表情で話すと、面白みに欠けた話しに聞こえてしまいます。
話の内容に合わせて表情はもちろん、身振りや声のメリハリな
ど変えなければ、聞くのもつらくなってしまうでしょう。

わかりやすいスピーチ

聴衆がわかりやすいとうなるスピーチができればもう一人前のスピーカーじゃ。

アウトラインを明示する

全体像を示し、次に部分の関係でわけていく

POINT まず、話のテーマや内容をおおまかに説明し、その後に細かい内容の部分を順に説明していきます。全体が整理されていて話がわかりやすくなります。

順序良く話す

時系列、優先順位、原因と結果などの関係でわける

POINT 箇条書きにしたものに番号を振って、その順番で話していくように、時系列で時間の経過順に話したり、優先順位をつけてその順番で話したりすると、整理されていて話しが頭に入りやすくなります。

わかる言葉を使う

専門用語などは一般的にわかる言葉に置き換える

POINT 一部の人にしかわからない言葉は、一般的にわかる言葉に置き換えて話しましょう。ただ、逆に狙いとしてわざと一部でしか知らない言葉を使う場合もあるでしょう。

口ぐせを直す

「え～」「あ～」「ん～」「まぁ～」

POINT スピーチを聞いていて、この口ぐせがあると、ノイズのように聞こえて耳障りです。聞くほうは、一度気になってしまうとつらいものです。直す方法としては、言いそうになったら口を閉じてしまうというものがあります。

スピーチ時間が余ったら

1分以内でスピーチできるように準備しておく

POINT プレゼンや朝礼などのスピーチでもそうですが、早く話が終わって時間が空いてしまったら、それまで話していた内容を1分で話せるように準備しておいて、その空いたところで話すようにするのも手です。空いた時間は埋まります。

第4章

想いが伝わる話し方

異性に話しかける

想いを伝える話し方を教えていくぞ。これで良き相手と仲良くなることを期待している。

気になる異性への話しかけ方

まずアイコンタクトをとる

POINT いきなり近づくと驚かれてしまいます。その前に必ず相手の目を見ましょう。目が合えばOKです。これで相手はまず存在を認識してくれます。

気になる異性に話しかけるとき

好かれたいという気持ちをその時だけ捨てる

POINT 好きな異性にはよく思われたいと思って余計に焦り、ギクシャクしてしまうのです。その気持ちを、初めて話しかけるときだけ捨てましょう。捨てれば、普通に話しかけられます。

モテる話し方（男性）

深呼吸して、話すスピードを ダウンさせる

POINT 穏やかで優しい印象になります。女性は安心して会話できるはずです。

モテる話し方（女性）

男性の目を見つめて 話を聞いてあげる

POINT 余計な相づちはいりません。黙って笑顔でうなづくだけでいいのです。男性は目を見つめながらうっとりと話を聞いてくれる女性に弱いのです。

異性と話すときのキーフレーズ1

「モテそうですね」

POINT 異性は「いえいえ、そんなことないですよ」と謙遜しながら、うれしい気持ちになっています。

第4章 想いが伝わる話し方

異性と話すときのキーフレーズ2

「気が利きますね」

POINT 内面をほめる言葉です。美人は、外見のことをいつもほめられていますが、外見ばかりで内面はあまりほめられていないはずです。そこで内面をほめる言葉が効くのです。

異性と話すときのキーフレーズ3

「センスいいですね」

POINT こちらも内面をほめる言葉です。このとき、相手が持っているバッグなどの小物も一緒にほめましょう。この後の会話が弾みやすくなります。

異性と話すときのキーフレーズ4

「しっかりしてますね」

POINT こちらも内面をほめる言葉です。実年齢よりも若く見える人には効果的です。「本当のあなたはしっかりした大人ですね」と言われているようで、心にグッと刺さるほめ言葉なのです。

美人をほめる場合

人間的なところをほめる

POINT 前のキーフレーズもそうですが、内面をほめるということです。美人・美男子は容姿はよくほめられていますが、あまり内面までは言われないそうです。そこで内面をほめると、コロッと気を向けてくれるようになるのです。

自分に関心を向けてほしいとき

小さな声でささやくように話す

POINT 小さな声でささやくと、相手はこちらに注意を払ってくれます。最初だけですが、この話し方で心の距離を縮めることができます。

知り合って間もないとき

とにかく相手をほめる

POINT 付き合いの浅い人からほめられると、喜びは倍増します。相手をさりげなくほめると意識して急接近できる可能性が高まります。

第4章 想いが伝わる話し方

異性と仲を深める

気になる人ともっと親密になりたいなら、これから教える「あまくさの法則」をマスターすることじゃ。

仲を深めるあまくさの法則（あ）

相づち（とにかくリアクション）

POINT 相手の話に耳を傾け、とにかく「うんうん」とうなずいてください。とにかくリアクションすることが基本です。

仲を深めるあまくさの法則（ま）

まとめる（話をオウム返し）

POINT 相手の言葉を繰り返したり、要点をうまくまとめて返事をしたりすると、相手はきちんと話を聞いてもらえていることが実感できます。

仲を深めるあまくさの法則（く）

質問（クエスチョン）して
会話を膨らませる

POINT 質問をして、会話を膨らませましょう。コミュニケーションが
豊かになります。相手が質問してきた場合は、同じ質問を相手
にも聞き返すとよいでしょう。

仲を深めるあまくさの法則（さ）

賛美（とにかくほめる）

POINT 相手の行動や教えををどんどんほめていきます。「すごい」「が
んばったね」「よかったね」とプラスの反応をすると、相手は気
持ちよく話をしてきます。

気づかないうちに親密になる方法

さりげなく名前（下の名前、あだ
名）を呼ぶ

POINT 名前を呼ぶと特別感や親近感がわきます。「キミ」より「〇〇さ
ん」と呼ばれると、認められていると感じるのです。名前で呼び
合いだすと親密感が一気に高まります。

第4章 想いが伝わる話し方

異性とさらに親密になる方法

自分の秘密を打ち明ける

POINT 秘密を共有し合うと、連帯感が生まれて親密度が高まります。近づきたい相手には一歩踏み込んで自分の秘密を教えるのも手です。ただし、初対面の人には逆効果です。

異性にお願いをきいてもらう方法

「コーヒーが美味しいと評判の、あのカフェに行こう」

POINT お願い事をするとき、何か理由を添えるとOKしてもらいやすくなります。好きな相手をどこかに誘うとき、とにかく理由をつけて話してみましょう。

相手の本音を引き出す方法

自分の体験や感情を語る

POINT 心理学的には、相手の気持ちを聞き出したければ、自分の感情や体験を語ることが大切とされています。「あれは大変だったんだよ」と言うと「実は私も……」と本音を語りやすくなるのです。

自分に好意を抱かせる一言

「この前、〇〇が好きって言ってたよね」

POINT 自分の言動を覚えていてくれたりすると、その人に好意を抱きやすくなります。相手への好意をさりげなく表現するなら、上記のように相手の以前の言動をそのまま言ってあげましょう。相手の態度が変わってきます。

いきなり親密になる方法

相手に告白してしまう

POINT 好意を持たれて嫌がる人はあまりいません。思いきって告白すると、結果はどうあれ、相手には嬉しい事実が心に残り、告白した相手を意識します。結果を気にせず告白するという行動はそれほど無謀ではありません。

告白を成功させたいとき

夕日をバックに告白する

POINT 夕暮れ時は人間の体内時計が不安定になり、判断力や注意力が散漫になるので、このとき相手を説得にかかると了承されやすくなります。これを黄昏効果と言います。相手を口説くならこの時間帯がベストです。

第4章 想いが伝わる話し方

伝わらない話し方（言葉）

伝わらない話し方をしてしまっている人がいる。もったいないので、教えるぞ。

語尾があいまい

ありがとうござい…ま…

POINT 日本人は語尾をあいまいにする話し方の人が多いといわれています。話の終わりは「です」「ます」として、しっかりと最後まで発音しましょう。

促音「っ」言葉1

「そうっすよね」→「そうですよね」

POINT 若者言葉の名残なのか促音の「っ」を使った話し方の大人は以外と多いのです。年相応、立場相応の言葉に直していきましょう。

促音「っ」言葉2

「って、どうですか」→「というのは、どうですか」

POINT オフィス内でも使われている促音「っ」言葉。親しい間柄ならまだしも、すでに多くの仕事現場でも広がってしまった感があります。基本的には直すべきです。

耳障りな口ぐせ

「え～」「あの～」

POINT 話の冒頭につける人が多い口ぐせ。一度気になりだすと、かなり耳障りな言葉というか発音です。

耳障りな口ぐせを直す方法

話の文末で必ず口を閉じる

POINT 「え～」を言わないコツは、「え～」と言いそうになったときに口を閉じてしまうことです。慣れるまで少し時間が必要ですが、直すことができます。

性格が見える口ぐせ

口ぐせで性格がわかるのじゃ。我ながらなかなかするどい指摘じゃから、自分のくせも含めて確認してみよう。

自信がない人の口ぐせ

「絶対、絶対」

POINT 「絶対」「絶対大丈夫」と絶対を多用する人は、「絶対大丈夫だ、大丈夫なはず」と自分に暗示をかけ、言い聞かせようとしているあらわれです。つまり、自信がないのです。

自己中心的な人の口ぐせ

「だから」「だ・か・ら〜」

POINT 押し出しの強い「だから」という言葉。友人の相談を聞いていたら、ふいに「……だから、それは〜」と割り込んでくる人がいますが、この人がまさに自己中心的な「だから」の愛用者です。

自分の意見をとりあえず言いたい人の口ぐせ

「というか〜」「ってゆ〜か〜」

POINT 「というか〜」で話し出す人は、何らかの自己主張をしないと気が済まない人です。打合せなどのスムーズな進行を阻害したりしてしまいます。

分析好きな人の口ぐせ

「要するに」「要は、」

POINT 話をまとめたがる人は、分析好きで自信過剰な傾向があります。しかし、話の途中で何度も要点をまとめるのは、考えがまとまっていない証拠。まとめたくてもまとめられない、ただ「要は、要は…」と言ってしまっている可能性もあります。

自分を守りたい人の口ぐせ

「一応」「とりあえず〜」

POINT 無意識に上記の言葉を使うのは、自信がなく、自分を守りたい気持ちがあるからです。ビジネスの場面では相手にいい印象を与えない言葉なので、多用は避けるべきです。

第4章

想いが伝わる話し方

口の軽い人の口ぐせ

「ここだけの話なんだけど〜」

POINT 親交ある人から「ここだけの話〜」と言われると「実は自分も〜」と打ち明けたくなります。しかし、それほど付き合いのない人が「ここだけの話〜」と言ってきたら要注意。誰にでもそう言って近寄り秘密を曝露している可能性が高いです。

時間の使い方が下手な人の口ぐせ

「時間がない」「忙しくて〜」

POINT いろいろなことに首をつっこみ、すべての案件が薄い結果になってしまっている残念な人の口ぐせが「時間がない」。このような人の手帳は実際に予定がぎっしりになっていますが、成果は薄いままのようです。

自分を強調したい人の口ぐせ

「わたしは〜」「自分は〜」

POINT 話しの最初に「私は〜」「自分は〜」とつける人は、自己顕示欲が強い証拠。周りと自分は違っていたいと強く思っている人です。

北原白秋の詩
『五十音』で発声練習じゃ

俳優の発声トレーニングで有名な『五十音』を紹介するぞ。
声を出して読んでみるのじゃ。

> あめんぼ　あかいな　アイウエオ
> うきもに　こえびも　およいでる
> かきのき　くりのき　カキクケコ
> きつつき　こつこつ　かれけやき
> ささげに　すをかけ　サシスセソ
> そのうお　あさせで　さしました
> たちましょ　らっぱで　タチツテト
> トテトテ　タッタと　とびたった
> なめくじ　のろのろ　ナニヌネノ
> なんどに　ぬめって　なにねばる
> はとぽっぽ　ほろほろ　ハヒフヘホ
> ひなたの　おへやにゃ　ふえをふく
> まいまい　ねじまき　マミムメモ
> うめのみ　おちても　みもしまい
> やきぐり　ゆでぐり　ヤイユエヨ
> やまだに　ひのつく　よいのいえ
> らいちょうは　さむかろ　ラリルレロ
> れんげが　さいたら　るりのとり
> わいわい　わっしょい　ワイウエヲ
> うえきや　いどがえ　おまつりだ

171

おわりに

　話し方のテクニックを読んでみて、いかがでしたでしょうか。「はじめに」で触れましたが「初対面の人になんて話せばいいのだろう」という不安は、本書で紹介したいくつかのテクニックによって解消できるわけです。同じように悩んでいる方がいるのなら、これから初めての人に会うときには、ぜひ、紹介したテクニックを使って話を展開して、早い段階から打ち解けられることを願っています。

　話すことは人とのコミュニケーションにおいてとても大切な要素です。家族、友人、知人、職場の仲間、上司、部下、お客様……すべての人間関係が「話すこと」でつながり、成り立っているといっても過言ではありません。

　人とのコミュニケーションですから、相手（人間）がある以上、その相手への感情や想いが出てしまい、どうしても体が固まってしまったり、緊張したりしてうまくいかないことも出てくるでしょう。また、一対一ではなく大勢の人間を相手にする場面も、不安や余計な想いが出て、予想外のことになってしまうかもしれません。そんなときは、気持ちや根性論といった心のもちようではなく、本書で紹介したテクニックをぜひ試してみてくさい。

そのテクニックでコミュニケーションが円滑になり、人間関係がよくなる一助になることができたら幸いです。

最後までお読みいただき、ありがとうございました。

佐藤幸一

佐藤幸一
（さとう・こういち）

1961年生まれ。大阪府出身。

大学卒業後、大手広告代理店で働きはじめるも、月間200時間にもおよぶ残業と、職場の人間関係トラブルに悩まされ3年で退職。
その後両親が営む会社で働きはじめたが、業績の悪化により会社が倒産し多額の借金を背負う。
就職活動で悩んだことがきっかけで、コミュニケーションや心理学を研究するようになる。
その後、不動産会社の営業として再就職を果たし、5年で借金を完済。
現在はコンサルタントとして、大手企業の人材育成・職場コミュニケーション活性化支援をライフワークとしている。
大好物は、あんパンと餃子。

著書に『たった一言で印象が変わる！ モノの言い方事典』『誰とでも一瞬でうちとけられる！ すごいコミュニケーション大全』『たった一言で印象が変わる！ 敬語の使い方事典』（いずれも総合法令出版）がある。

装丁　西垂水敦・太田斐子(krran)
本文デザイン・イラスト　和全(Studio Wazen)
DTP　横内俊彦
校正　池田研一

たった30秒で会話に自信が持てる
超話し方事典

2018 年 9 月 19 日　　初版発行

著　者　　　　佐藤　幸一
発行者　　　　野村　直克
発行所　　　　総合法令出版株式会社
　　　　　　　〒103-0001
　　　　　　　東京都中央区日本橋小伝馬町15-18
　　　　　　　ユニゾ小伝馬町ビル9階
　　　　　　　電話　03-5623-5121

印刷・製本　　中央精版印刷株式会社

ⓒ Koichi Sato 2018 Printed in Japan　ISBN978-4-86280-637-6
落丁・乱丁本はお取替えいたします。
総合法令出版ホームページ　http://www.horei.com/

本書の表紙、写真、イラスト、本文はすべて著作権法で保護されています。
著作権法で定められた例外を除き、これらを許諾なしに複写、コピー、印刷物
やインターネットのWebサイト、メール等に転載することは違法となります。

視覚障害その他の理由で活字のままでこの本を利用出来ない人のために、営利
を目的とする場合を除き「録音図書」「点字図書」「拡大図書」等の製作をす
ることを認めます。その際は著作権者、または、出版社までご連絡ください。